KB137088

국어가 밥이다

국어가 밥이다

(고등 국어 1등급 중학 국어 만점 프로젝트, 국어 공부법)

[교실밖 교과서®] 시리즈 NO.26

지은이 ǀ 국밥연구소
발행인 ǀ 김경아

2019년 7월 12일 1판 1쇄 인쇄
2019년 7월 19일 1판 1쇄 발행

이 책을 만든 사람들

책임 기획 ǀ 김경아
북 디자인 ǀ 김효정
교정 교열 ǀ 좋은글
경영 지원 ǀ 홍종남
제목 ǀ 구산책이름연구소

이 책을 함께 만든 사람들

종이 ǀ 제이피씨 정동수·정충엽
제작 및 인쇄 ǀ 천일문화사 유재상

펴낸곳 ǀ 행복한나무
출판등록 ǀ 2007년 3월 7일. 제 2007-5호
주소 ǀ 경기도 남양주시 도농로 34, 부영e그린타운 301동 301호(다산동)
전화 ǀ 02) 322-3856   팩스 ǀ 02) 322-3857
홈페이지 ǀ www.ihappytree.com
도서 문의(출판사 e-mail) ǀ e21chope@hanmail.net
내용 문의(국밥연구소) ǀ gookbaab@gmail.com
※ 이 책을 읽다가 궁금한 점이 있을 때는 국밥연구소 e-mail을 이용해 주세요.

ⓒ 국밥연구소, 2019
ISBN 979-11-88758-13-5
"행복한나무" 도서번호 : 114

:: [교실밖 교과서®] 시리즈는 "행복한나무" 출판사의 청소년 브랜드입니다.
:: 이 책은 신저작권법에 의거해 한국 내에서 보호를 받는 저작물이므로 무단 전재 및 복제를 금합니다.
:: 이 책은 『중학국어 만점 공부법』의 장정개정판입니다.

국어가 밥이다

국밥연구소 지음

행복한
나무

공부하는 법을 모르는 학생들

고등학교 3학년 학생이 중간고사를 앞두고 국어 공부를 하려고 교과서와 참고서를 폈다. 중간고사 범위는 한국 현대시와 소설이었다. 교과서와 참고서를 펴고 잠시 골똘히 쳐다보던 학생이 고개를 들고 물었다.

"어떻게 공부해야 되죠?"

혹시 공부를 못하거나, 공부를 하지 않다가 다시 하는 학생이라고 생각할지 모르지만 그렇지 않다. 그 학생은 전 과목에서 늘 1~2등급을 받는 학생이었다. 성적이 상위권임에도, 초등학생 때부터 무려 12년을 공부해 왔는데도, 시험공부를 어떻게 해야 가장 효과가 좋은지 제대로 알지 못하고 있었던 것이다. 그런데 공부법을 제대로 모르는 학생이 소수가 아니라는 게 문제다. 아주 어릴 때부터 사교육에 의존하다보니 스스로는 공부를 어떻게 해야 하는지도 모른 채 공부를 하고 있는 것이다. 어떻게 공부해야 할지 막막해 하는 현상은 특히 국어에서 심하게 나타난다.

고등학교에서 가장 발목을 잡는 과목 중 하나가 국어다. 이제 수능에서도 국어가 가장 어려운 과목으로 꼽히고 있다. 이상하게도 국어는 열심히 공부해도 성적이 잘 오르지 않는다. 이번 시험에 국어 성적이 잘 나왔다고 해도 다음 시험에서 국어 점수가 잘 나오리란 보장이 없다. 모의고사에서 성적이 잘 나왔다고 해서 수능에서도 잘 나오리라는 보장이 없는 과목이 국어다. 영어나 수학은 일단 성적이 오르면 좀처럼 떨어지지 않고 일정한 수준을 유지하는데 반해 국어는 변동이 심하다. 가장 안정감이 떨어지는 과목이 국어인데, 아이러니하게도 국어가 수능 첫 과목이다. 1교시 국어 시험을 망치면 수능 전체가 흔들리고, 국어 시험을 잘 보면 전체 수능 성적이 자기 실력 이상으로 나온다. 첫 시험인 국어가 수능의 성공과 실패를 좌우하는 경우가 많다.

국어는 모든 과목의 주춧돌이다. 공부는 국어로 한다. 수학도 국어, 과학도 국어, 사회도 국어, 한국사도 국어로 공부한다. 따라서 국어 실력이 부족하면 지식을 습득하고 이해하는 힘이 부족하기에 노력만큼 성적이 오르지 않고, 일시적으로 올랐다고 해도 언제든지 무너질 위험이 있다. 영어를 비롯한 외국어에는 국어 실력이 필요 없을 듯 하지만 글을 읽고 이해하는 힘이 없으면 외국어 실력도 잘 늘지 않는다. 국어 실력이 부족하면 영어로 된 지문을 해석은 해놓고 이해하지 못하는 황당한 상황에 빠지기도 한다. 수학도 국어 실력이 부족하면 제대로 개념을 이해하지 못할 뿐 아니라, 문장으로 된 문제는 아예 풀지도 못한다.

국어는 결코 쉬운 과목이 아니다. 국어는 정말 어려운 과목이다. 그리고 매우 중요한 과목이다. 국어, 영어, 수학에서 가장 첫머리에 국어를 놓는 이유는 단지 국어가 우리말이기 때문이 아니다. 국어가 가장 중요한 공부요 어려운 공부이기 때문이다. 그러나 대다수 학생들은 초/중학교 때 수학, 영어에는 많은 시간을 투자하지만 국어 공부에는 그리 많은 시간을 투자하지 않는다. 국어가 국영수의 으뜸임에도, 국어가 수능 첫 시험으로 수능 성적을 좌우하는 중요한 열쇠가 된 상황에서도 여전히 수학, 영어뿐 아니라 다른 과목보다 중요하게 여겨지지 않는 것이 국어다.

국어 공부에 어느 정도 노력을 기울이는 학생들도 국어를 마치 암기 과목의 하나처럼 대한다. 글을 읽고 스스로 이해하고 해석하지는 못하고 그저 선생님이 가르쳐주신 대로, 참고서에 나온 대로, 강의에서 들은 대로 암기하고 정답을 고르기만 한다. 국어를 암기 과목처럼 공부하다보니 아무리 열심히 해도 진짜 국어 실력은 늘지 않는다. 국어 학원을 열심히 다니면 성적은 잠깐 오를 수 있지만, 여전히 국어 실력은 불안하고 다음 시험의 점수는 여전히 예측 불가능한 영역으로 남는다.

이렇게 암기 과목 식으로 공부하다보니 정작 암기로 풀 수 없는 수능 국어 시험에서는 '감'에 의존하게 되고, 그날의 '감'이 좋고 나쁨에 따라 국어 성적이 좌우되고 만다.

제대로 된 국어공부법은 모든 공부의 주춧돌!

『국어가 밥이다』는 공부법 책이지만 한 편의 소설이다. 따라서 공부법 책에 거부감이 있는 학생들도 재미나게 읽을 수 있다. 주인공인 '나보통'은 늘 성적이 중간이면서 보통의 삶을 최고로 여긴다. 그러던 나보통이 어떤 계기로 중간의 길을 박차고 일어나 높은 성적을 받기 위해 국어 공부법을 익히는 과정을 소설로 그려낸 것이 이 책이다.

　나보통은 암기식 국어 공부법을 익히지 않는다. 자기 힘으로 글을 이해하고, 해석하고, 자기 표현을 할 줄 아는 공부법을 익힌다. 진짜 국어 실력을 키우기 위해 단단하게 공부의 주춧돌을 놓는다. 국어를 통해 다른 과목 성적도 덩달아 오르게 만든다. 친구와 갈등하기도 하고, 뛰어난 사촌을 질투하기도 하며, 좋아하는 여학생에 가슴 설레기도 한다. 평범한 보통 학생 '나보통'은 스스로 공부하는 법을 익히며 중간의 길, 보통의 길에서 벗어나 뛰어난 학생, 친구를 진심으로 위할 줄 하는 학생, 올바른 배움이 무엇인지를 아는 진솔한 학생으로 거듭난다.

　따라서 이 책은 국어 공부법 책이면서 동시에 자기주도학습 책이고, 공부를 통한 한 편의 성장소설이기도 하다. 스스로 공부할 줄 모르는 학생, 국어 실력이 들쭉날쭉한 학생, 아무리 공부해도 성적이 오르지 않는 학생, 마음을 잡지 못하고 공부에 집중하지 못하는 학생들에게 도움이 되리라 믿는다. 이 책에서는 제대로 된 국어공부를 하는 4가지 학습법과 12가지 공부비법을 제시하고 있는데, 이 책에서 소개한 방법은 국어뿐 아니라 다른 과목에도 적용이 가능하다고 본다.

　뭐든지 토대를 튼튼히 해야 잘하는 법이다. 토대가 부실하면 사상누각이 되기 십상이다. 국어는 공부의 토대다. 12년을 공부하고도 어떻게 공부할지 모르는 학생이 되지 말고, 초/중학생 시기에 제대로 된 공부법을 익혀 공부에 쏟는 노력이 헛되지 않게 되기를 빈다.

국밥연구소

7

재미나게 익히는
이 책의 과학적인 구성

☆소설로 읽는 공부법

☆소설로 읽는 공부법

레슨은 우리가 무엇을 배우는지 제목을 통해 명확하게 알려준다. 그리고 본문은 소설로 구성하여 재미있게 읽다 보면, 학생들 스스로 공부를 하고자 하는 동기를 얻을 수 있다.

☆에피소드

공부요정이 나보통을 판타지 세계로 이끈다. 나보통의 느슨한 생활과 전교 1등인 나모태의 자기주도적 국어 공부법을 관찰하게 한다. 보통 학생과 전교 1등의 국어 공부법이 어떻게 다른지 견주면서 차이를 확인한다.

01
주춧돌을 놓지 않고 기둥을 세울 수는 없다

도우러 왔으면 곱게 돕지 뭐하는 짓인지 모르겠다. 내 과거로 가서 내가 어떻게 공부하는지 영화처럼 봐야 한다는 건 동의한다 치더라도, 몸을 꼿꼿이 편 채로 뒤로 넘어지며 붕~ 가라앉는 느낌이 들어야 마법이 작동해 몸은 여기 머물고 정신만 과거로 날아간다는 건 도저히 믿기 어려웠다. 뭐 속는 셈치고 해본다고 하자. 그런데 몸을 꼿꼿이 하고 통나무처럼 뒤로 넘어지는 게 쉬운 일인가.

색깔 펜과 포스트잇을 활용하자

> **에피소드 08**
>
> **★나모태와 나보통의 국어 시간 들여다보기**
>
> 국어 수업시간이다. 선생님이 뭐라고 말씀하시는데도 여전히 교과서는 꺼내지도 않은 채 대로와 책상을 사이에 두고 장난치는 나보통이 보인다. 나모태는 교과서를 왼손으로 잡고 오른손에는 삼색 펜을 들고 있다. 책상 위에는 두 종류 색의 포스트잇과 형광펜을 꺼내놓았다.
>
> 선생님이 수업을 시작했지만 나보통은 계속 주위를 두리번거리며 장난꺼리를 찾는다. 진다혜를 향해 몰래 지우개밥을 두 번씩이나 던지는데 반응이 없자 지루한지 꾸벅꾸벅 졸다가 교과서를 베개 삼아 잠이 든다.
>
> 나모태는 열심히 수업을 듣는다. 삼색 색깔 펜과 형광펜을 이용해 수업내용을 깔끔하게 정리한다. 중요한 부분에 표시를 하고, 선생님이 강조하신 부분에는 별표를 한다.

8

공부요정의 대화에서 자연스럽게 학습법 배우기

공부요정과 '나보통'이 대화를 하며 국어학습비법을 구체적으로 배우고, 왜 그런 학습법을 택해야 하는지, 학습법을 실천하기 위해서는 무엇이 필요한지 등을 익힌다. 재미난 대화로 이끌어가기 때문에 편안하게 원리 습득을 할 수 있다.

똑또기가 기특하게 나를 봤다. 내가 또 무슨 멋진 말을 하나 기다리는 듯해서 계속 말을 이었다.

"흉흉한 서울의 뒷골목 풍경을 생생하게 접하고 보니, 정말 불쾌했어. 아마 수남이가 처한 현실을 보여주나 봐. 이것도 작가가 소설에 숨겨놓은 장치처럼 보여. 나중에 바람이 상쾌하게 부는 보리밭이랑 대조를 이뤄. 보리밭은 과거 순수했던 수남이, 다시 돌아가야 할 수남의 지향점을 상징하는 표현일 거야."

똑또기는 동그란 눈을 떴다. 놀라는 기색이 역력했다.

국어만점비법 01

여섯 가지 원칙을 지키며 5번 이상 낭독하라

국어는 모든 공부의 주춧돌이고, 낭독은 국어 공부의 주춧돌이다. 공부는 낭독으로 시작한다. 낭독은 공부 효과를 올리고, 집중력을 높이며, 발표력과 표현력을 기르는 데 큰 도움을 준다. 낭독은 역사적으로 검증된 공부법이다.

국어교과서를 받으면 다섯 번 이상 낭독하고, 낭독 뒤에도 틈날 때마다 묵독을 한다. 낭독을 할 때는 다음 여섯 가지 원칙을 지킨다.

원칙 1 시간 없다 핑계대지 말고 시간 날 때마다 읽는다.

원칙 2 큰소리로 읽는다.

원칙 3 지나치게 빠르게 읽거나 느리게 읽지 않고 적당한 속도로 읽는다.

원칙 4 쉼표나 마침표가 있는 부분은 끊어서 읽고, 쉼표가 없더라도 뜻이 구분되는 부분은 약간씩 끊어서 읽는다.

원칙 5 성우처럼 소리에 색깔을 넣어서 읽는다.

원칙 6 잘못 읽은 문장은 문장 처음부터 제대로 다시 읽는다.

국어만점비법 정리하기

국어학습비법을 간략하고 명쾌하게 정리하여 보여준다. 실천 방법을 간단명료하게 정리해줌으로써 책이 책으로 끝나지 않고 실천으로 이어지도록 돕는다.

차례

첫째 마당
주춧돌 공부법

성적을
결정하는
국어 공부의
베이스캠프

이 책의 등장인물

나보통

└→ 웃고 즐기며 적당히 공부하고, 적당히 성적만 나오면 된다고 믿는 낙천적인 성격의 보통 학생. 공부해도 중간, 공부 안 해도 중간이니 공부 안 하고 중간 하는 게 낫다고 믿는다. 세 명의 원수를 만난 이후 중간의 길을 벗어나려고 국어만점을 얻기 위한 공부에 뛰어든다.

나모태

└→ 나보통의 사촌이자 엄친아 전교 1등 실력파. 초3때까지 찌질이였으나 3년 동안 사라졌다가 전교 1등 실력파로 변신해서 돌아왔다. 학원을 하나도 다니지 않고 스스로 공부한다. 나보통은 나모태가 공부하는 법을 따라하며 국어만점비법을 익힌다.

하권팔

└→ 학교 공부보다 학원 공부에 더 많은 신경을 쓰는 학원 바라기 학생. 초등학교 때까지 나보통과 친한 친구였고, 성적도 비슷했다. 그러나 초6 겨울방학부터 밤과 휴일도 없이 학원에 다니더니 엄청나게 성적이 오른다. 지나친 학원 의존증으로 인해 나중에 어려움을 겪는다.

진다혜
> 나보통이 찐따해로 놀리는 여학생. 나보통이 초등학교 때 놀려서 찐따로 몰렸으나 중학교 때는 나보통을 누르고 높은 성적을 거두면서 나보통의 자존심을 건드린다.

허초희
> 나보통이 몰래 좋아하는 여학생

이대로
> 나보통과 절친한 친구. 나보통과 함께 중간의 길을 걷는다.

조희빈
> 중학교 때 진다혜를 왕따시키는 데 앞장서는 여학생

똑또기
> 책의 모습을 한 요정. 어디서 왔는지, 무슨 이유 때문에 왔는지는 비밀이다. 나보통이 국어만점비법을 익힐 수 있도록 도와준다.

냥냥이
> 똑또기와 함께 나타난 비밀스런 고양이

세 명의 원수, 나를 공부하게 만들다

나는 지금 책이랑 씨름 중이다. 내 말을 들으면 '책이랑 씨름하다'란 은유적 표현을 떠올릴지 모르겠지만 이건 절대 은유적 표현이 아니다.

"무릎 굽히지 말고, 엉덩이 빼지 말고 뒤로 그대로 넘어지면 돼."

"나 참, 그게 말처럼 쉽냐?"

"몸이 붕~ 하고 꺼지는 느낌이 들어야 된다니까."

"그러다 그냥 퍽! 뒤통수를 그대로 바닥에 찍으면 네가 책임질 거야?"

"그럴 일 없어. 너 나 못 믿는 거야?"

그렇게 나오면 내가 '믿어' 할 줄 알았지?

"응, 못 믿어."

물론 나는 이 요상한 책을 안 믿는다. 아니 못 믿는다. 저 가벼운 책이 뒤로 넘어지는 내 몸을 제대로 받아줄 리가 없다. 내 뒤통수는 그대로 바닥에 찍을 거고, 그러면 무지 아플 거다.

"내 능력을 보고도 못 믿어?"

물론 이 요상한 책이 보여준 능력이 신기하긴 하다. 말도 하고, 하늘도 날고, 누가 봐도 신기하다. 나도 솔직히 책이랑 씨름하면서도 '내 정신이 이상한 걸까?' 하고 계속 의심할 정도니까.

요상한 책의 능력이 신기하긴 하지만 그렇다고 붕~ 하는 느낌으로 뒤로 넘어지면 내 몸은 사뿐히 바닥에 내려가고, 내 정신만 과거로 가서 내가 어떻게 공부하는지 영화처럼 볼 수 있다는 말을 누가 믿겠는가? 저 요상한 책에 그런 말도 안 되는 능력이 있다는 건 도저히 못 믿겠다.

"어휴, 이걸 그냥. 확 밀어버릴 수도 없고."

"밀기만 해봐? 확 찢어버릴 테니까."

책이 가느다란 실처럼 보이는 팔을 가운데로 꼬더니 날 노려봤다. 책이 노려본다는 표현이 정말 이상한 줄은 나도 알지만 노려본 게 분명히 맞다. 책과 서로 노려보면서 한쪽은 넘어뜨리기 위해, 한쪽은 넘어지지 않기 위해 씨름을 하는 황당무계한 일을 겪는 이 상황이 생각하면 생각할수록 마음에 들지 않는다. 그 세 녀석들만 없었어도 내가 이런 일을 겪지 않아도 될 텐데, 생각할수록 한숨만 나온다.

찌질이에서 엄친아로 변신한 사촌

나를 이렇게 만든 첫째 원수는 동갑내기 사촌 나모태다. 나모태는 원래 초등학교 3학년 때까지는 지지리 공부를 못했다. 한밤중까지 학원에 다니고, 주말과 휴일에도 쉬는 걸 못 봤는데 언제나 점수는 밑바닥이었다. 나는 늘 성적이 중간이었지만 모태 덕분에 기를 펴고 살았다.

"제발 보통이만큼만 해라!"

"보통이는 학원 많이 다니지 않아도 너보다 잘하잖니. 너는 왜 그러니?"

모태가 늘 듣던 말이었고, 나는 그런 말을 모태가 듣는다는 사실을 확인할 때마다 뿌듯했다. 성적이 늘 중간인 내가 공부로 칭찬받을 일은 거의 없었지만 그래도 사촌인 모태가 너무 못한 덕분에 구박도 안 받고, 가끔 칭찬도 들었다.

그러다 4학년 개학하기 전에 나모태가 사라져버렸다. 작은 엄마가 모태를 버렸다는 소문도 있었고, 외국에 유학을 보냈다는 소문도 있었지만 사실은 학원도 없는 어떤 시골 초등학교로 전학을 보냈다고 했다. 너무 외진 곳이어서 게임방도 없고, 인터넷도 안 되고, 주위에 식당도 없는 시골 초등학교라고 했다.

"에고 불쌍한 녀석! 그렇게 중간은 가야지 밑바닥에서 헤매면 되나. 멍청하긴. 쯧쯧!"

6학년 졸업 때까지 나모태는 단 한 번도 나타나지 않았다. 중학생이 돼서야 다시 집으로 돌아왔다. 다시 나타난 나모태는 완전히 다른 분위기를 풍겼다. 공부하려고 열심히 노력하는 건 초등학교 3학년 때와 엇비슷했지만 무언가 느낌이 달랐다. 한밤중까지 학원에 다니고 주말과 휴일에도 정신없던 녀석이 학원은 단 한 곳도 다니지 않았다. 뭐 그 정도면 내가 놀라지 않는다.

중간고사 성적이 나왔는데 반에서 1등이었을 뿐 아니라, 전교 1등까지 차지했다. 처음엔 어쩌다 운이 좋아서 나온 결과라고 여겼는데 1학기 기말고사도 전교 1등을 했다. 운이 아니었다. 진짜 실력이었다. 과학 서술형에서 약간 감점받은 게 유일한 흠이었다. 심지어 수행평가도 전부 만점이었다.

너무 기가 막혀서 나는 아무런 말도 나오지 않았다. 내 자존심은 땅바닥에 구겨졌다. 엄마는 대놓고 말씀하지는 않지만 모태를 굉장히 높게 평가하고, 부러워하는 기색이 역력했다. 그 전에는 편하게 게임방도 가고, 만화책도 읽었는데 이제 엄마 눈치가 보여서 나도 모르게 조심하게 되었다. 더구나 키도 나보다 작았던 녀석이 키도 크고, 외모도 훤칠해졌다. 처음에는 성형수술을 받았나 의심할 정도였다. 남몰래 나모태를 좋아하는 여자애들이 상당히 많다는 소문도 돌았다. 엄친아도 그런 엄친아가 없었다.

동갑내기 사촌이 엄친아라니, 무지막지한 스트레스다. 나모태는 내 자존심을 바닥에 구겨지게 만든 원수다. 원수도 그런 원수가 없다. 찌질이에서 3년 만에 엄친아가 되어 나타난 나모태가 내 첫째 원수다.

학원 빨로 성적이 오른 죽마고우

나모태만이라면 내게 이런 불행이 찾아오진 않았다. 내 둘째 원수는 하권팔이다. 이 녀석은 초등학교 6년 동안 나와 비슷한 성적을 유지한 내 죽마고우다.

"야, 못하면 구박받고, 잘하면 기대 때문에 힘들어. 중간이 최고지!"

"그럼, 속담에도 있잖아. 중간은 가라!"

"마저, 마저, 우린 중간의 도를 터득했잖아."

그렇게 시시덕거리며 중간의 기쁨을 함께 만끽하고 지낸 친구였다. 그러던 녀석이 6학년 겨울방학부터 학원에 다녀야 한다며 주말에도 나와 놀지 않았고, 방학인데 아침부터 한밤중까지 학원에 다녔다. 방학 때에야 그러려니 했는데 중학교에 올라와서도 마찬가지였다. 학교 밖에서는 얼굴 보기도 어려웠다.

"야, 점심시간엔 축구를 해야지."

내가 들떠서 축구 하자고 졸라도 돌아오는 대답은 늘 똑같았다.

"학원 숙제 밀렸어. 너나 해."

가만히 보니 수업을 듣는 도중에도 틈만 나면 학원 숙제를 했다. 학원을 위해 학교를 다니는 건지, 학교를 위해 학원을 다니는 건지 모를 정도로 학원에 매달렸다.

"그래 봤자 중간이지 어디 가겠어?"

나는 하권팔이 결코 중간 성적에서 벗어나지 못하리라 장담했고, 중간 성적을 유지하며 놀던 또 다른 친구인 이대로와 적당히 공부하고, 적당히 놀면서 지냈다. 그러다 내 장담은 빗나갔다. 학원에서 시키는 대로 미친 듯이 공부한 결과는 놀라웠다.

하권팔은 1학기 첫 중간고사에서 우리 반 2등을 차지했다. 헐! 하권팔이 2등이라니? 이건 중간의 도에 어긋나며 6년을 함께 중간 성적을 유지하며 지내 온 우리의 우정을 배신한 행위였다. 저러다 지치겠지 했는데 기말고사도 나모태의 뒤를 이어 반 2등을 차지했다.

"야, 네가 어떻게 이럴 수가 있냐?"

중간이 최고다, 중간의 도, 우정과 배신 따위의 말을 늘어놓으며 내가 따졌으나 권팔이는 냉정하게 쏘아붙였다.

"나보통, 너도 이제 그만 정신 차려. 중간 성적은 보통이 아니야. 뒤처진 거지. 난 앞설 거야. 중간이 아니라 으뜸이 될 거라고."

나는 배신의 아픔을 곱씹었다. 그나마 다행인 건 권팔이와 더불어 초등학교 때부터 중간 성적을 유지하며 어울리던 이대로는 날 배신하지 않았다는 거다. 그래도 배신의 아픔은 컸고, 하권팔은 내 둘째 원수가 되었다.

나보다 성적이 높게 나와 버린 찐따

이제 셋째 원수 이야기를 할 차례다. 솔직히 말해 이 셋째 원수가 없었다면 내가 공부하겠다고 결심하지도 않았고, 요상한 책에게 뒤로 넘어지라는 수모를 당하지도 않았을 것이다.

진다혜! 이름만 듣고 '좋아하는 여자애 아냐?', '그 여자애는 공부 잘하는

데 넌 공부 못해서 상처받은 거 아니야?' 하고 지레짐작하지는 말기 바란다. 천하에 바보, 똥개 아니면 진다혜를 좋아하는 사람은 없다고 단언한다.

"야, 찐따해! 어쩜 넌 이름도 찐따냐? 이름처럼 찐따 해! 알았지, 찐따해!"

나는 초등학교 6학년 때 이런 식으로 진다혜를 놀리고 다녔다. 뭐, 지금 생각해보면 잘한 짓은 아니다. 이름으로 사람을 놀려먹고, 나 때문에 진다혜가 찐따 취급을 받으며 놀림을 당했으니 진다혜가 나를 싫어하는 거야 당연하다. 그런데 진다혜는 성격도 정말 이상해서, 친한 친구도 거의 없었다. 그러니 찐따가 된 건 내 탓만은 아니다. (이건 핑계 같지만 분명히 핑계가 아니라고 확신한다.)

진다혜는 다른 애들이 놀리면 가만히 있었는데 내가 놀리면 꼭 대들어서 서로 다툼을 벌였다. 그래봤자 내 친구들이 훨씬 많았기에 찐따해는 나한테 꼼짝 못했다. 그런데 중학교 시험이 모든 걸 바꿔버렸다. 학기 초에는 여전히 찐따해라고 놀렸지만 웬일인지 찐따해는 아무런 대꾸도 하지 않고 나를 완전히 무시해버렸다. 충격은 중간고사가 끝나고 밀려왔다.

"찐따해가 5등이라고? 헐? 그 바보가?"

이건 나모태가 전교 1등을 한 것보다, 하권팔이 배신을 하고 반 2등을 한 것보다 더 충격이었다. 나는 우연일 거라고, 찐따해가 어쩌다 시험을 잘 본 거라고 믿었다. 분명 기말고사에선 성적이 뚝 떨어질 거라고 확신했다. 그리고 나도 처음으로 성적을 중간보다 더 올리기 위해 살짝(!) 노력해봤다. 기말고사 성적이 발표되던 날, 그날의 충격을 난 지금도 잊을 수가 없다.

그 전보다 열심히 했지만 내 성적은 여전히 중간이었다. 나는 다른 친구들 성적을 확인하고 '역시나!'를 연발하며 다녔다.

"야, 다혜가 3등이래."

이대로가 나에게 귓속말로 이 말을 했을 때 난 벌떡 일어나며 소리쳤다.

"뭐! 찐따해가 3등?"

반 전체의 시선이 순간적으로 나에게 쏟아졌다. 난 부들부들 떨었다. 말도
안 돼!

"왜? 내가 너보다 훨씬, 훠어어얼 씨이이인 잘하니까 믿기지가 않지?"

나는 지금도 찐따해가 '훠어어얼 씨이이인' 하며 날 무시하는 눈빛으로 거
만한 표정을 지으며 잘난 척하던 순간을 잊지 못한다.

"흥, 이제 누가 진짜 찐따인지 확실해졌지?"

찐따해는 구겨진 내 자존심에 대못을 박아버렸다.

엄친아 나모태 따라하기

그날 저녁 나는 엄마에게 하권팔이 다니는 학원에 보내달라고 졸랐다.

"넌 절대 권팔이처럼 못해."

"이번엔 달라요. 진짜 한다니까요? 절 못 믿으세요?"

며칠 뒤 엄마는 학원에 보내달라는 내 간청에 못 이겨 결국 허락하셨고, 하
권팔이 다니는 학원에 등록을 하게 된 나는 결심했다. 두고 봐라! 내가 너희 셋
의 코를 납작하게 해주마! 특히 찐따해! 기다려라! 내가 한다면 하는 놈이라고!

뭐, 이미 다 짐작했겠지만 첫날 아침 10시부터 저녁 11시 55분까지 학원에

붙잡혀 있다가 온 뒤로 내 드높았던 결심은 벼랑 아래도 모자라 지각 아래 맨틀 속까지 처박혀버렸다. 2~3일 하고 나니 도저히 견딜 수가 없었다. 이건 사람이 할 짓이 아니었다. 나는 갑자기 하권팔이 불쌍하게 보이면서도 한편으로는 위대해 보였다. 아침부터 한밤중까지 학원에서 살면서 수많은 숙제와 문제풀이, 계속된 강의를 견뎌내는 하권팔은 그야말로 철인이었다.

"내 그럴 줄 알았어. 어휴, 그 학원 학원비가 얼마나 비싼 줄은 아니?"

내가 태어나서 엄마에게 대놓고 무시당한 건 그때가 처음이었다. 한참 동안 이어지던 엄마 잔소리를 견뎌낸 뒤에 나는 새로운 제안을 했다.

"혹시 엄마, 모태가 공부 잘하는 이유 알아? 권팔이 말고 모태처럼 하면 되지 않을까?"

"허이고, 권팔이도 못 따라하면서 모태처럼 하겠다고? 엄만 안 믿어."

엄마는 냉정하게 내 제안을 일축했다.

"엄마, 나 진짜 공부한다니까!"

"얘가 왜 이래? 엄마가 언제 억지로 공부하라던?"

하긴 엄마는 단 한 번도 억지로 공부를 시킨 적이 없어서 구색 맞추기 위한 수학, 영어 학원 조금 다니는 것이 다였다. 그래서 나는 늘 시간이 넘쳤다.

"아이 엄마! 나도 이제 중학생이잖아."

내가 공부하려는 진짜 이유는 끝내 밝히지 않고, 엄마를 아부와 가식적인 목소리로 설득했고 결국에 엄마는 두 손을 드셨다.

그 뒤로 엄마가 모태 엄마, 그러니까 작은 엄마와 몇 번 만나는 것 같더니 여름방학이 끝나기 10여일 남은 어느 날 내게 책 한 권을 주셨다. 책을 받아든 나는 책 속에 모태의 공부비법이 전부 들어있으리라 짐작하고, 너무나 기쁜 마음에 문까지 걸어 잠그고 떨리는 가슴을 억누르며 기도까지 한 뒤 책을 폈다. 그런데 웬걸? 그건 겉표지만 다를 뿐 속을 보니 그냥 국어교과서였다. 2학기 국어교과서!

생전 처음으로 엄마에게 화가 났다. 나는 자리를 박차고 일어나 엄마에게 따지러 가려고 하는데, 그때 책이 내게 말을 걸었다. 그 순간 내가 공부만 생각하다가 스트레스를 너무 받은 나머지 드디어 정신병원에 입원까지 하는구나! 하는 생각이 들면서 서럽기도 하고, 한편으로는 무서웠다. 그러나 다행인지 불행인지 내가 미친 건 아니었다. 미친 것은 책이었다. 책이 하늘을 날고 말을 했다.

"안녕? 난 똑또기야. 세상에서 가장 똑똑한 공부요정이지. 널 도우러 왔어."

첫째마당

주춧돌 공부법

성적을 결정하는 국어 공부의 베이스캠프

01
주춧돌을 놓지 않고 기둥을 세울 수는 없다

도우러 왔으면 곱게 돕지 뭐하는 짓인지 모르겠다. 내 과거로 가서 내가 어떻게 공부하는지 영화처럼 봐야 한다는 건 동의한다 치더라도, 몸을 꼿꼿이 편 채로 뒤로 넘어지며 붕~ 가라앉는 느낌이 들어야 마법이 작동해 몸은 여기 머물고 정신만 과거로 날아간다는 건 도저히 믿기 어려웠다. 뭐 속는 셈치고 해본다고 하자. 그런데 몸을 꼿꼿이 하고 통나무처럼 뒤로 넘어지는 게 쉬운 일인가. 더구나 침대에서 하면 안 되고 이불도 깔지 않은 맨바닥에서 해야 한다니 아플 게 분명한데 어떻게 뒤로 넘어진단 말인가. 나는 아픈 게 정말 싫다. 일부러 몸을 아프게 하는 짓은 절대 안 된다. 인내력을 기른다며 극기 훈련에 보내는 부모님이나 선생님은 정신이 이상한 게 분명하다. 몸을 괴롭힌다고 인내심이 생기지는 않는다.

"휴, 아무래도 나 혼자는 안 되겠다."

똑또기가 한숨을 쉬었다. 그럼, 그럼! 이제 포기해.

"냥냥이 도움을 받아야겠어."

"냥냥이? 뉘 집 고양이 이름이냐? 드라큐라 고양이를 데려와 봐. 내가 뒤로 넘어가나."

휴, 그 말을 하지 말았어야 했다. 진짜 하지 말았어야 했다. 말이 화를 부른다더니 내가 딱 그 꼴이었다.

나는 더 이상 똑또기랑 씨름하기 싫어서 침대에 벌러덩 누우려고 했는데 똑또기가 내 허리에 달라붙었다.

"뭐하는 짓이야?"

얼른 손을 뒤로 돌려 똑또기를 떼어내려고 했지만, 바로 그 순간 천장에서 날카로운 괴성이 들렸다. 깜짝 놀란 나는 손은 허리 뒤로 한 채 괴성이 들리는 천장으로 얼굴을 돌렸다. 그때 무시무시한 고양이 얼굴이 갑자기 나타났다. 수염엔 피가 덕지덕지 묻어 있고, 내 코를 물어뜯을 듯한 이빨에선 고기 썩은 냄새가 나고, 붉은 피가 뚝뚝 흐르는 칼날 같은 발톱은 내 목을 겨냥하고 있었다. 괴물도 그런 괴물이 없었다.

나는 공포에 짓눌려 온몸이 얼어붙었다. 허리는 똑또기 때문에 굽히지 못했고, 뒷걸음질칠 용기마저 사라진 다리는 뻣뻣하게 굳어버렸다. 무서움에 몸을 뒤로 피하려고 했지만 몸은 미라처럼 딱딱하게 굳은 채 뒤로 넘어졌다. 순간 심장이 멎는 듯한 공포감과 더불어 붕~ 가라앉는 느낌이 들면서 정신까지 잃었다.

★ 교과서를 받은 나보통

중학교 2학년 1학기가 시작하는 날이다. 선생님이 교과서를 나눠준다. 교과서를 받은 나는 내 책상 서랍에 꾸역꾸역 교과서를 처박는다. 아이들이 왁자지껄 떠들며 나갈 때 나도 덩달아 나간다. 여러 권의 교과서가 비좁은지 몸을 서로 부대낀다. 교과서들이 나 들으라는 듯 투덜거린다. 서로 몸을 부딪치며 힘들어하던 교과서 중의 한 권이 교실 바닥으로 툭 떨어진다. 국어교과서다. 국어교과서는 서러운 듯 나를 쳐다본다. 하늘에 떠 있는 내 눈을 쳐다본다. 나는 이유 없이 미안해서 국어교과서의 눈길을 피한다.

시선은 학교를 빠져나가는 아이들을 좇는다. 나를 뒤쫓고 싶은데 의지와 달리 나모태를 따라간다. 나모태가 집에 도착한다. 씻고 옷을 갈아입은 나모태는 책상에 앉아 오늘 받은 교과서를 편다.

"잠깐, 잠깐만."

나는 내 머리 위에서 날고 있는 똑또기에게 말을 걸었다.

"뭐, 할 말 있니?"

"내가 왜 나모태를 몰래 엿봐야 하는 거야? 이거 스토킹에 완전 변태잖아?"

"아무데나 스토킹과 변태를 붙이지 마. 넌 나모태처럼 하고 싶다고 하지 않았니? 엄마한테 부탁을 했다며?"

물론 그랬다. 그래도 그렇지……. 하긴 이건 똑또기가 부리는 마법이고, 어차피 누가 보지도 못하니 스토커나 변태로 놀리지는 않겠지. 아무튼 나모태를 관찰해서 나모태처럼 한다는 아이디어는 마음에 들었다.

"네가 어떻게 하는지, 그리고 나모태는 어떻게 다른지 잘 봐. 잘 보면 보통이 네가 보통 성적밖에 안 나오는 이유, 나모태가 이름은 '못해(모태)'지만 학원 하나 다니지 않고 어떻게 전교 1등을 하는지 알게 될 거야. 성적이 변하지 않고 늘 똑같은 것은 그만한 이유가 있는 법이야."

국어는 모든 공부의 주춧돌이다

에피소드 02

★ 교과서를 받은 나모태

나모태는 국어교과서를 편다. 교과서 표지를 한참 살핀다. 그 다음 장을 살핀다. 머리말이다. 집필자들이 책을 쓴 목적과 인사가 있다. 머리말도 꼼꼼히 읽는다. 형광펜으로 색을 칠하고, 색깔 펜으로 따로 메모도 한다. 다음 장을 넘기더니 교과서의 '특징과 구성' 부분을 읽는다. 머리말을 읽을 때와 마찬가지로 형광펜과 색깔 펜을 이용해서 표시하고 내용을 정리한다. 자신이 정리한 내용을 몇 번이고 살피면서 무언가 생각한다.

목차를 한참 동안이나 살핀다. 목차 중에서 '주요학습내용' 부분을 몇 번이고 소리 내어 읽는다. 마치 영어 단어 암기하는 듯한 분위기다. 그러고는 또 한참을 생각한다. 잠시 뒤 1단원을 편다. 먼저 '단원을 열며'를 보며 낭독을 한다. 또다시 형광펜과 색깔 펜을 이용해 표시를 하고 나름대로 정리를 한다. 만화도 빼놓지 않고 읽는다. 만화 부분을 읽는데 연극배우가 대사를 하는 분위기다.

'단원을 열며'를 충분히 읽은 뒤 첫 단원 본문으로 들어간다. 본문을 읽기 전에 '학습목표'를 여러 번 반복해서 읽는다. 단원 첫머리에 나온 그림과 문제를 읽고는 자기 생각을 말한다.

나모태 다음 사진 속 대상을 소개하려면 어떤 방법이 효과적일지 말해보자. 음, 여기 사진은 절에서 흔히 보는 풍경이구나. 이걸 소개하려면 어떻게 하는지 말해보라고? 일단 풍경이 뭔지 모르는 사람에게 풍경이 뭔지 그 모습을 소개해야겠지. 그 다음에는 풍경이 내는 소리, 풍경을 다는 목적 등을 알리면 될 거야.

나모태는 이렇게 혼자 말을 하고 난 뒤 드디어 본문을 읽는다.

"잠깐만, 잠깐만! 지금 나모태가 국어교과서 읽는 장면을 계속 지켜봐야 하는 거야?"

똑또기가 별말이 없이 고개만 끄덕였다. 음, 책이 고개를 끄덕였다고 하니 조금 이상하게 들릴지 모르지만 아무튼 고개로 보이는 부분을 분명히 끄덕였다.

"야!"

"내 이름은 똑또기야."

"그래 똑또기."

"왜?"

"공부를 하려면 영어나 수학부터 해야 하지 않아? 난 영어와 수학 공부가 더 중요하다고!"

"집을 지을 때 기둥과 주춧돌 중에서 뭐가 먼저야?"

내가 물었는데 대답은 하지 않고 답이 뻔한 질문은 왜 던지는지 모르겠다. 하여튼 조금 아는 체하는 사람, 아니 아는 체하는 책은 다들 똑같다니까.

"당연히 주춧돌이지."

나는 정답을 말했다.

"주춧돌을 놓지 않고 기둥을 세우지 못해. 국어는 모든 공부의 주춧돌이야."

"국어가 왜 모든 공부의 주춧돌이야?"

"공부는 언어로 해. 수학도 언어, 과학도 언어, 사회도 언어야. 영어는 외국어이기는 하지만 글을 이해하는 힘이 있어야 외국어도 익히기 수월해. 공부의 토대가 되는 언어를 배우는 공부가 바로 국어야. 그러니까 국어 실력이 탄탄해야 다른 공부도 잘하는 거야."

"국어는 못하고 다른 공부 잘하는 애들도 있고, 다른 공부 못하지만 국어를 잘하는 애들도 있던데?"

"주춧돌이 튼튼하다고 집까지 튼튼한 건 아니야?"

나는 똑또기의 설명을 제대로 알아듣지 못했다. 이럴 때 알아듣기 쉽게 설명해주면 될 텐데, 꼭 이상한 비유를 들어서 설명을 한다.

"무슨 말이야?"

"봐! 넌 이런 비유적인 표현조차 제대로 몰라."

그래 너 잘났다! 나 무식한 거 아니까 자꾸 확인하지 마. 에고, 전에는 항상 보통 수준의 학생이라고 여겼는데, 내가 날 무식하다고 여기다니……. 속이 무지 쓰리다.

"국어는 주춧돌이야. 국어를 잘한다고 해서 다른 과목도 무조건 잘하지는 않아. 잘할 가능성이 높을 뿐이지. 반면에 국어를 못하면 일시적으로는 다른 과목을 잘하기도 하지만 늘 불안해. 글을 이해하는 힘이 부족한 학생이 다른 과목의 학습 내용을 제대로 이해하고 받아들이기는 쉽지 않거든. 국어 실력이 탄탄하면 훨씬 쉽게 익힐 텐데, 국어 실력이 부족하면 훨씬 많은 노력을 기울여야 하지. 그리고 주춧돌이 약하기 때문에 언제 무너질지 몰라. 길게 보면 국어 실력이 부족한 학생이 다른 과목을 잘하기는 힘들고, 잘하더라도 늘 불안하지."

나는 똑또기 설명에 동의했다. 똑또기 몸(!) 속에 국어교과서가 담긴 이유도 이해했다.

낭독, 가장 효과적인 국어 공부법

에피소드 03

★ 나모태의 낭독법

나모태는 계속 국어교과서를 읽는다. 방에서, 거실에서, 아침에 일어나서도, 자기 전에도 교과서를 읽는다. 목소리는 맑고 크다. 웅얼거리며 읽지 않는다. 누구라도 분명히 알아들을 만큼 소리가 크다. 라디오에서 성우가 읽듯이 감정도 잡고, 목소리에 다양한 색깔을 입힌다. 교과서에 있는 사진 하나, 만화 한 컷, 사소한 설명 하나도 놓치지 않고 읽는다. 읽기 후 활동 부분을 읽고는 자기 혼자 대답하기도 한다.

나모태는 숨넘어가듯 빨리 읽지 않고 적당한 곳에서 끊어 읽는다. 표현과 표현을 끊어서 읽으니 듣기가 참 좋다. 그냥 듣고만 있는데도 글이 무슨 뜻인지 귀에 쏙쏙 들어온다. 정말 글을 잘 읽는다는 생각이 절로 든다. 특히 글을 적절하게 끊어 읽는 게 나와 다르다. 끊을 곳에서 딱딱 끊어서 읽으니 글의 뜻이 명확하게 들린다. 틀리게 읽는 경우는 거의 없는데 어쩌다 잘못 읽으면 그 문장을 처음부터 다시 읽는다. 이것도 나와 다르다. 나는 틀리게 읽으면 그냥 넘어가는데 나모태는 절대 그러지 않는다.

나모태는 틈만 나면 국어교과서를 읽는다. 나는 국어교과서 읽는 모습만 봤지만 실제로는 다른 교과서도 국어교과서처럼 읽는 게 분명하다. 나모태는 무려 다섯 번이나 낭독을 한 뒤에야 낭독을 마친다.

"정말 엄청 읽는구나."

"저게 다가 아니야. 다섯 번 낭독을 한 뒤에는 묵독으로 틈만 나면 교과서를 읽어. 물론 나모태는 교과서뿐 아니라 다른 책도 정말 많이 읽지."

"도대체 왜 저렇게 교과서를 많이 읽어? 나도 저렇게 읽어야 하냐?"

"학교 공부는 교과서가 출발점이야. 참고서도, 학원 강의도, 인터넷 강의도, 학교 선생님 강의도 모두 교과서에서 출발해. 교과서를 읽지 않는 공부는 뿌리 없이 줄기부터 키우겠다는 조급한 공부야. 조급하게 공부하면 당장은 성과가 커 보이지만 뿌리가 약하기 때문에 실력이 어느 이상으로 늘지 않고, 시험에서도 결정적인 실수를 하게 돼. 느리더라도 기초부터 튼튼히 다져야지."

"좋아 교과서를 읽는 이유는 알겠어. 그런데 낭독은 왜 해? 속으로 읽으면 안 돼?"

"낭독이 그만큼 효과가 좋기 때문이야. 낭독의 효과는 정말 많아. 첫째, 낭독을 하면 공부 효과가 올라가. 소리는 시각과 함께 두뇌가 정보를 받아들이는 중요한 통로야. 낭독을 하면 발음을 하면서, 눈으로 보면서, 소리로 들으면서 정보를 받아들이기에 1석3조의 효과를 발휘해. 둘째, 낭독은 집중력을 높여줘. 소리 내어 읽으면 잡생각이 끼어들지 못하거든. 셋째, 낭독을 하면 발표력과 표현력이 늘어. 발표력과 표현력이 얼마나 중요한지는 알지?"

나는 묵묵히 고개를 끄덕였다.

"독서백편의자현(讀書百遍義自見)이란 말 알아?"

"독서백번 의자왕?"

"어휴 무식하긴."

"자꾸 그렇게 나 무시하면 확 찢어버린다."

"알았어, 알았어. 자존심은 있어서. 독서백편의자현, 글을 백 번 읽으면 뜻이 저절로 나타난다는 말이야."

"헐! 그럼 교과서를 백 번 읽으라고?"

"어휴, 무……."

똑또기는 또다시 내가 싫어하는 말을 하려다 내가 노려보자 말을 집어삼키고는 얼른 설명을 이어갔다.

"여기서 백 번은 숫자 100이 아니라 많이 읽으라는 말이야. 어떤 글이 잘 이해가 안 되면 계속 반복해서 읽으면 뜻을 알게 된다는 말이지."

모르는 글도 계속 읽으면 알게 된다고? 말도 안 된다.

"내가 모르는 영어를 백 번 읽는다고 뜻을 알겠니? 공부요정이 거짓말도 하냐?"

갑자기 똑또기가 확 인상을 썼다. 순간, 조금 전에 날 공포로 몰아넣었던 무서운 고양이 형상이 언뜻 떠올랐다. 난 살짝~ 쫄았다.

"근거 없는 이야기가 아니야. 옛날 선비들은 한문 공부 5년이면 거의 대부분 한자로 한시를 쓰는 수준에 도달했어. 너 영어 공부 5년 이상 했지만 영작 하나 제대로 못하잖아?"

좋게 설명하면 어디 덧나나? 꼭 남의 약점을 건드려요.

"옛날 선비들이 오늘날 학생들보다 특별히 머리가 좋은 게 아님에도 5년만 배우면 한문을 자유롭게 쓰는 능력이 생긴 것은 전적으로 '낭독' 덕분이야. 한문을 배우는 첫 순간부터 꾸준히 낭독을 하였기에 5년이면 한문으로 시를 쓰는 수준까지 도달했지. 동양에서만 낭독을 강조한 게 아니야. 트로이 유적을 발견해서 널리 알려진 하인리히 슐리만의 '언어 학습법'은 대단히 유명해. 슐리만은 15개 언어를 자유롭게 사용하고, 하나의 언어를 배우는 데 짧게는 6주, 길게는 6개월밖에 걸리지 않았다는데 그 비결의 핵심은 반복해서 낭독하기야. 슐리만은 책을 모두 외울 때까지, 책에 담긴 표현을 완전히 익힐 때까지 꾸준히 낭독을 했고 아무리 오래 걸려도 6개월이 지나지 않아 하나의 언어를 완벽하게 습득했다고 해. 물론 다른 방법도 곁들였는데 핵심은 낭독이었어. 이처럼 낭독이야말로 동서양을 막론하고 역사적으로 가장 검증된 공부법이야."

에피소드 04

★ 나보통의 국어교과서

교실이다. 교과서를 처음 받은 바로 그날이다. 학생들이 없는 교실에 내 책상이 보인다. 책상 밑에 국어교과서가 외로움에 부들부들 떤다. 어둠이 오고, 잠시 뒤 날이 밝는다. 바닥에 떨어졌던 내 국어교과서가 보이지 않는다. 쓸쓸한 기운이 교실을 휘감는다.

쿵!

"아야!"

진짜, 아프다! 나는 정신을 차렸다.

똑또기가 하늘에 떠서 나를 보고 낄낄거리며 웃었다. 똑또기에게 뭐라고 소리를 지르려고 하는데 "야옹" 하는 소리가 들렸다. 고개를 돌렸더니 온몸이 검은 고양이 한 마리가 내 책상에 앉아서 날 보고 있었다. 순간적으로 넘어지기 전에 봤던 무시무시한 고양이 형상을 떠올리며 움츠러들었지만, 귀여운 검은 고양이일 뿐이었다. 고개를 살짝 좌우로 흔드는데 어찌나 귀여운지 확 안아버릴 뻔했다.

고양이를 안고 싶은 심정을 꾹 참고 나는 상황 파악을 하기 위해 애썼다. 내 궁금증을 이미 짐작했는지 묻기도 전에 똑또기가 말했다.

"넌 방금 학기 초로 되돌아갔다 온 거야. 너의 정신만 갔다 온 거지. 네가 본 건 학기 초에 보여준 너와 나모태의 모습이야. 네 몸은 여기서 그대로 뒤로 넘어지는 중이었고?"

난 얼른 주위를 두리번거렸다. 오랜 기간 머물렀다고 느꼈기에 얼마나 시간이 오래됐는지 확인하고 싶었다.

"네가 붕~ 하는 느낌으로 떨어지는 찰나의 시간 동안 네 정신만 과거로 갔다가 돌아온 거라니까."

"헐! 그게 찰나였어?"

의심스럽기는 했지만 확인할 방법은 없었다. 나는 조금 전 떨어졌던 기억을 떠올리고, 똑또기를 혼내줘야겠다는 생각에 손을 갑자기 뻗어 똑또기를 잡았다. 내 기습 공격을 예상 못했던 똑또기는 내 손에 붙잡혔다. 그때였다. 넘어지기 전에 들었던 무시무시한 고양이 울음소리가 내 귀를 파고들었다. 난 흠칫 놀라며 똑또기를 놔줬고, 나도 모르게 냥냥이를 봤다.

그곳에는 그냥 귀엽고 예쁜 고양이가 있을 뿐이었다. 냥냥이는 머리를 살짝 기울인 채 여전히 귀여운 표정이었다. 이름은 귀여운 냥냥이인데, 어쩜 그리 무서운 괴성이 나오는지 모르겠다. 냥냥이에게서 풍기는 분위기는 정말 묘했다.

"휴, 하마터면 큰일 날 뻔했네."

똑또기가 자기 몸을 이곳저곳 쓰다듬었다.

"자, 이제 갔다 왔으니 정리를 해야지?"

"뭔 정리?"

"몰라서 물어? 나모태가 어떻게 공부하는지, 너와 어떻게 다른지 정리를 해야지. 그래야 어떻게 공부해야 국어 만점, 나아가 다른 과목도 만점을 맞는지 그 방법을 알 거 아냐!"

알았어. 알았다고. 그나저나 바닥에 쓸쓸히 떨어져 있던 내 국어교과서는 어디로 간 걸까? 생각해보니 그때 국어교과서를 잃어버려서 선생님께 야단맞고, 엄마한테 싫은 소리를 꽤나 들었다.

"딴 생각 말고, 기억이 희미해지기 전에 빨리 정리해."

알았어. 알았다고. 정말 여유라곤 눈곱만큼도 없는 책이라니까.

여섯 가지 원칙을 지키며 5번 이상 낭독하라

⋮

국어는 모든 공부의 주춧돌이고, 낭독은 국어 공부의 주춧돌이다. 공부는 낭독으로 시작한다. 낭독은 공부 효과를 올리고, 집중력을 높이며, 발표력과 표현력을 기르는 데 큰 도움을 준다. 낭독은 역사적으로 검증된 공부법이다.

국어교과서를 받으면 다섯 번 이상 낭독하고, 낭독 뒤에도 틈날 때마다 묵독을 한다. 낭독을 할 때는 다음 여섯 가지 원칙을 지킨다.

원칙 1 시간 없다 핑계대지 말고 시간 날 때마다 읽는다.

원칙 2 큰소리로 읽는다.

원칙 3 지나치게 빠르게 읽거나 느리게 읽지 않고 적당한 속도로 읽는다.

원칙 4 쉼표나 마침표가 있는 부분은 끊어서 읽고, 쉼표가 없더라도 뜻이 구분되는
부분은 약간씩 끊어서 읽는다.

원칙 5 성우처럼 소리에 색깔을 넣어서 읽는다.

원칙 6 잘못 읽은 문장은 문장 처음부터 제대로 다시 읽는다.

02
내가 생각하지 않으면
내 실력이 되지 않는다

여름 방학인데 국어교과서를 읽기로 했다. 내가 교과서를 읽기로 결심하다니, 이건 기적이다. 내가 중간의 길에서 벗어나기 위해 열심히 공부하면 배신이 아닐까 살짝 고민했지만 찐따해가 짓던 오만한 얼굴이 떠오르자 배신이란 단어는 쏙 들어가 버렸다. 평소에 책과 만리장성을 쌓고 지내던 내가, 만화책도 글은 되도록 안 읽고 그림만 보려고 애쓰던 내가, 시험 기간에도 교과서는 거들떠보지도 않던 내가, 학기가 시작되기도 전에 누가 시키지도 않았는데 국어교과서를 읽기로 결심한 것은 정말 대단한 일이다.

나는 똑또기를 폈다. 기억하는지 모르겠지만 똑또기 몸속에는 국어교과서가 들어있다.

"먼저 표지를 살피고, 머리말을 읽고⋯⋯."

1분이 지났다. 지루했다.

"그러니까 이 책의 구성과 특징은……."

2분이 지났다. 뒷목이 뻐근했다.

"목차를 읽어야지. 1단원은……."

3분이 지났다. 눈꺼풀이 무거웠다.

"1단원, 단원을 들어가며……."

내가 뭐하는지 모르겠다. 졸리다.

"야아아옹."

냥냥이 울음소리에 잠을 살짝 깼다. 머리를 흔들었다.

"아! 아! 정신 차려야지. 그러니까 어디더라……."

그리고 다시 졸리다.

찍~!

"아얏!"

비명을 지르며 벌떡 일어났다.

"피잖아!"

냥냥이가 날카로운 발톱으로 내 팔을 긁었는지 피가 흘렀다.

"헐! 피 아니거든. 그거 네가 흘린 침이거든."

정신을 차리고 다시 보니 팔에 흐르던 액체는 피가 아니라 내 입에서 흐른 침이 맞았다. 손끝에 뭔가 끈적끈적한 게 느껴져서 화들짝 놀라 손을 드니 똑또기 몸에도 침이 한 사발이었다.

"어휴, 더러워. 이 고귀한 몸에 더러운 침을 흘리다니."

똑또기는 수건을 찾아들더니 자기 몸을 닦는다며 수선을 피웠다.

"쪽팔리지도 않냐? 겨우 3분을 못 넘기고 자다니. 그러니까 소리를 크게 내서 읽으라고 했잖아.”

똑또기가 뗙뗙거렸다. 똑또기 말이 맞다. 난 쪽팔렸다. 세 명의 원수 얼굴도 떠올랐다. 나모태가 성실하게 책을 읽던 장면도 떠올랐다. 쓸쓸하게 사라져간 내 옛날 국어교과서가 아릿하게 다가왔다.

“소리를 크게 내! 졸리면 움직이면서 읽어! 소리에 색깔을 넣고, 끊을 때 제대로 끊으면서!”

똑또기가 야단치듯 말했지만 나는 대꾸하지 않았다. 그 대신 똑또기를 다시 집어 들고 가만히 노려봤다. 국어교과서 하나 제대로 읽지 못하고 무슨 공부를 하나 싶었다. 대충 문제 풀고 시험 보던 과거의 내가 떠올랐다. 하권팔이 날 불쌍하게 바라보고, 찐따해 얼굴에 가득하던 비웃음을 떠올리니 도저히 참을 수가 없었다.

나는 비장한 결심을 하며 국어교과서를 읽었다. 분노에 차서 읽었다.

“야! 전쟁터 나가자고 연설하냐?”

똑또기가 몸을 비틀더니 트집을 잡았다.

“글 분위기에 맞게 읽어야지.”

나는 똑또기의 충고를 무시하고, 일부러 전쟁터에 나가는 장수가 부하들에게 연설하듯이 읽었다. 그러다 점점 글에 빠져들었다. 소리에 변화도 주고, 적절한 곳에서 끊어 읽으니 글맛이 느껴졌다. 신기했다. 국어교과서가 이렇게 재미난 글이었나 싶었다. 문제풀이만 할 때는 전혀 경험하지 못했던 느낌이었다.

난 열심히 읽었다. 무려 한 시간이나! 처음에는 돌아다니면서 읽다가, 나중에는 의자에 앉아서 읽었다. 다시 변화를 주기 위해 방을 여기저기 돌아다니며 읽었다. 걸을 때 손짓도 해가며 읽으니 더 재미가 있었다. 그 뒤로 날마다 한 시간씩 국어교과서를 읽었다. 방학 때인지라 시간도 많았다.

'이 맛에 낭독을 하는구나!'

시간이 지날수록 나는 낭독의 매력에 빠져들었다. 방학을 이틀 남긴 어느 날 한참 재미나게 낭독을 하는데 갑자기 내가 읽고 있던 책, 그러니까 똑또기가 내 얼굴로 확 다가왔다. 팔에 힘을 빼고 있던 나는 똑또기를 놓치고 말았고, 나도 모르게 뒤로 물러서려고 했지만 발 뒤에 물컹한 게 걸려 그대로 뒤로 넘어졌다. 허리는 이상하게도 굽혀지지 않았다. 또다시 붕~! 하는 느낌이 들었고 나는 정신을 잃고 말았다.

스스로 생각하기가 진짜 예습

에피소드 05

★ 나모태 VS 나보통의 예습

다시 1학기 어느 날 밤이다. 나모태가 방에 앉아 한쪽엔 국어교과서를 두고, 한쪽엔 노트를 펴고 앉는다. 교과서를 눈으로 읽던 나모태는 노트에 무언가를 쓰면서 고민을 한다. 노트를 자세히 보니 글의 주제다. 여러 개를 써놓고 그 중에서 무엇이 적당한지 고른다. 그 중에서 하나를 선택한 뒤에 글이 어떤 식으로 구성되어 있는지 나름대로 정리한다. 소설의 주인공이 어떤 사람인지를 쓴 뒤에, 글을 읽고 배운 점, 느낀 점 등도 적는다. 갈래별 특징이나 표현법 등도 나름대로 찾아본다. '읽기 후 활동' 부분을 보면서 간단히 메모도 한다. 이 모든 걸 자습서, 문제집 따위는 보지도 않고 스스로 한다.

시선이 옮겨 간다. 이번에는 공부하는 나보통이다. 내가 나를 보니 이상하다. 같은 시간인데 만화책을 보며 시시덕거린다. 문이 열리는 낌새가 들리자 잽싸게 만화책을 자습서 아래에 깔고 자습서로 공부하는 척한다. 엄마가 흐뭇한 미소를 짓고는 사라진다. 조심스럽게 문을 살피던 나보통은 다시 만화책을 본다. 웃긴 장면이 나와도 최대한 웃음을 참으며 재미나게 읽는다. 교과서는 거들떠보지도 않는다.

"너무하는 거 아니냐?"

똑또기가 날 노려보며 말했다. 나는 조금 쪽팔렸지만 아닌 척했다.

"사람이 어떻게 공부만 하고 사냐? 가끔 만화도 보고 해야지."

"누가 만화 보지 말래? 엄마를 속인 게 문제지."

이런 얘기는 해봐야 나만 손해다. 나는 얼른 화제를 돌렸다.

"그나저나 모태는 왜 저런 생고생을 한데? 어차피 학교 가면 배울 거잖아. 혼자 연구하다 보면 틀릴 가능성도 많지 않나? 예습을 하려면 차라리 자습서를 보고 정확하게 예습을 하는 게 낫지. 정말 비효율적인 짓이야."

예습을 하는 나모태를 내가 얼마나 한심하게 여기는지 최대한 강조하기 위해 내가 지을 수 있는 가장 안타까운 표정을 지으려고 애썼다.

"넌 진짜 예습이 뭔지, 예습이 어떤 효과를 발휘하는지 몰라서 그래. 세 가지 경우를 생각해봐. 첫째 전혀 예습을 안 해간 경우, 둘째 학원이나 자습서를 보고 예습한 경우, 셋째 나모태처럼 오직 자기 힘만으로 예습하고 수업에 들어가는 경우."

"두 번째가 가장 낫지 않냐? 미리 정확하게 공부를 했으니까 훨씬 좋지."

"그렇지 않아. 정확하게 공부했다고 여기기 때문에 수업시간에 집중하지 않게 돼. 이미 다 안다고 믿기 때문에 수업에 집중할 동기가 약해져. 차라리 전혀 예습을 안 해간 경우보다 못할지도 몰라."

"역시, 나처럼 준비 없이 가는 게 좋아."

나는 거만하게 말했다.

"넌 준비성이 너무 없는 거야. 나모태처럼 스스로 미리 글을 분석해보고 가면 자신이 분석한 게 맞나 생각하면서 선생님 강의를 듣게 돼. 그러면 당연히 집중력이 높아지게 되지. 자기가 한 분석과 선생님 설명이 일치했을 때는 기쁨을 느끼고, 달랐을 경우에는 왜 다른지 고민해보게 돼. 고민한 뒤에도 이해가 안 되면 질문을 통해 부족한 점을 채울 수 있어."

하긴 수업시간에 유독 나모태는 질문이 많았다. 나모태가 한 질문은 나도 하고 싶었던 질문인데 대신 해주는구나 싶어서 질문이 반갑고, 질문하는 나모태에게 놀랄 때가 있었다. 물론 아주 가끔!

"이렇게 미리 준비하면 선생님 설명을 더 잘 기억해. 당연히 글을 혼자 힘으로 이해하고 분석하는 능력도 강해지지."

"흠, 그러고 보니 모태는 나와 달리 낭독을 할 때도 자꾸 뭔가를 쓰고, 고민하는 듯 보였어. 그게 나랑 다르구나. 쩝! 공부 잘하기 참 힘드네. 이거 완전히 귀찮은데……. 안 하면 안 되나?"

"쯧쯧쯧! 한심하긴. 넌 지금까지 국어 공부를 할 때 선생님이 알려주거나 문제집에 나온 해설만 달달 외워서 답을 골랐어. 글을 읽고 스스로 이해하고, 분석하고, 느낄 줄 아는 능력을 기르는 것이 진짜 국어라고 본다면, 넌 지금까지 진짜 국어 공부를 한 적이 거의 없는 셈이야."

진짜 국어 공부라! 난 그런 거 한 번도 깊이 생각해본 적이 없다. 그냥 시험을 위해서 알려주는 걸 기억해서 문제풀이만 잘하면 그뿐이라고 여겼다. 똑또기는 나에게 진짜 국어 공부를 하라는데, 나처럼 게으른 학생이 과연 가능할까?

배경지식, 이해력 향상을 위한 디딤돌

에피소드 06

★ 나모태의 스마트폰 활용법

나모태가 스마트폰을 한다. 나모태도 어쩔 수 없는 학생인가 싶은데 가만히 보니 스마트폰에 입력하는 검색어가 모두 교과서에 나온 단어나 표현이다. 관련 지식을 찾기도 한다. 글쓴이에 관해 조사도 하고, 글의 출처를 찾아서 원문을 보기도 한다. 중요한 것을 발견하면 연습장에 메모도 한다. 교과서의 어려운 어휘를 찾아 정리를 하더니 스마트폰으로 검색해서 뜻을 적는다. 교과서에는 없지만 비슷한 뜻, 반대 뜻, 파생어 등 연관 어휘도 찾는다. 어휘를 몇 번 읽고 뜻을 새기더니 새롭게 알게 된 어휘를 활용해 문장을 만드는 연습도 한다.

"나모태는 완전 공부하기 위해 태어난 기계구만! 이건 하권팔이보다 더 하네. 도대체 교과서를 보면서 배경지식에 어휘, 관련 정보까지 전부 찾으며 예습하는 학생이 어딨냐?"

"저기 있잖아."

"헐! 난 못해!"

"너는 모태가 아니라 보통이야."

나는 똑또기의 농담에 헛웃음을 쳤다.

"어휘를 찾아서 공부하는 이유는 알겠어. 그런데 글과 관련한 배경지식, 글쓴이 정보, 글의 원문 따위는 왜 찾아보는 거야? 시험에 나오지도 않고, 선생님도 전혀 말씀하시지 않는데 말이야. 정말 쓸데없는 시간 낭비 아니냐?"

"어휘 공부하는 이유는 설명 안 해줘도 아는 걸 보니 너도 바보는 아니구나."

"바보? 나, 나보통이라고. 1등은 아니어도 중간은 간다고."

"그래, 훌륭하시다."

이게 칭찬이야, 비꼬는 거야?

"배경지식이나 글쓴이 정보, 글의 원문을 찾아보면 글을 더 쉽게 이해할 수 있어. 배경지식이 풍부할수록 글을 이해하기 쉬워. 글쓴이가 어떤 사람인지 알면 글이 더 잘 들어오고. 글의 원문을 보면 교과서에 미처 싣지 못한 부분이 나오는데 그런 부분을 찾아 읽으면 교과서에 실린 글을 훨씬 더 잘 이해하게 되지. 그리고 배경지식은 이해력 향상을 위한 디딤돌이야."

배경지식은 이해력 향상을 위한 디딤돌이라는 말은 맞다. 뭔가 아는 게 있으면 글이 훨씬 쉽다. 초등학교 때 엄마가 박물관을 자주 데리고 다녀서 그런지 박물관에서 본 유물과 연결된 역사를 공부할 때는 훨씬 쉬웠다. 사람은 아는 만큼 이해하고, 아는 만큼 글을 받아들인다.

내가 생각해도 똑또기의 설명은 구구절절 옳다. 문제는 내가 과연 할 수 있느냐다. 내가 실천할 수 있을지, 없을지 한참 고민하는데 내가 스마트폰을 하는 장면이 보였다. 나모태와 정말 다른 나를 보며 조금 창피했다.

에피소드 07

★나보통의 스마트폰 활용법

나보통이 열심히 스마트폰으로 게임을 한다. 웹툰을 보고, 메신저를 열고 별의미 없는 대화를 한참 하더니, SNS를 돌아다닌다. 그러다 새벽 1시가 넘어서야 스마트폰을 던져놓고 불을 켜둔 채 잠이 든다. 내일 학교에 들고 갈 가방은 침대 아래에 널브러진 채 애처롭게 나보통을 본다. 잠시 뒤 어둠이 세상을 뒤덮는다.

털썩!

"아이구 무거워."

정신이 살짝 돌아왔지만 여전히 어리둥절했다.

"야, 무거워. 빨리 내려와!"

등 뒤에서 똑또기가 투덜거렸다. 나는 일부러 느릿느릿 몸을 비틀고 상체를 일으켜 세웠다.

"어휴, 왜 이렇게 느려? 숨 막혀 죽는 줄 알았네. 너 진짜 무겁다!"

내가 넘어지는 걸 떠받치려던 똑또기가 힘이 부족해서 내 등 뒤에 깔렸던 것이다.

"내가 무거운 게 아니고 네가 힘이 없는 거야."

그나저나 도대체 언제 넘어뜨릴지 모르니 불안했다.

"말하고 넘어뜨리면 안 되냐? 그렇게 갑자기 넘어뜨리면 내가 무서워서 살겠냐?"

"넌 스스로 안 하잖아? 네가 스스로 할 때까지는 어쩔 수 없어."

쳇, 넘어지기도 스스로 해야 하다니, 귀찮다.

"말장난은 그만하고, 이제 네가 본 장면을 정리해봐."

조금 전에 본 장면을 곰곰이 떠올리며 노트에 메모를 했다.

국어만점비법 02

누구의 도움 없이 자기 힘으로 글을 해석하라

● ● ●

예습은 먼저 글을 읽고 생각해보기다. 미리 생각하면 수업시간에 집중력이 올라가고 선생님의 강의에 더 집중할 수 있다. 자기 힘으로 글을 해석하는 훈련을 해야 독해력과 이해력이 향상되고 진짜 자기 실력이 키워진다. 자습서나 학원 공부로 미리 준비하면 다 안다고 여겨서 수업시간에 집중하지 못한다. 아무런 준비 없이 수업에 임하면 수업 내용을 제대로 소화할 수 없다.

예습할 때는 다음 세 가지 원칙을 지킨다.

원칙 1 자기 힘으로 글을 해석한다. 자기 힘으로 해석할 때는 주제, 특성, 구성, 표현법 등 국어 시간에 배우는 학습내용을 자기 스스로 분석해서 적어본다.

원칙 2 수업시간에 자신이 해석한 것과 선생님이 설명하는 바를 견줘본다. 다르면 왜다른지 확인하며 이해하고, 이해가 어려우면 질문을 한다.

원칙 3 배경지식, 글의 원문, 글쓴이, 어휘 등을 알면 글을 이해하는 데 큰 도움이 된다. 배경지식, 글의 원문, 글쓴이, 어휘 등을 미리 조사해서 익힌다.

수업을 정리하는 방법이 성적의 반을 결정한다

방학이 끝났다. 제대로 놀지도 못했는데 개학이다. 방학 때는 하루가 48시간이면 좋겠다. 방학에도 공부하느라 바빠 놀 시간이 부족한 학생들에게 하루 24시간은 너무 짧다. 더구나 올해 방학은 공부한다 어쩐다 해서 마음껏 놀지도 못했다. 제대로 뭘 한 건 없지만 마음은 한없이 바빴다. 옆에서 책인 척하며 날 구박하고 감시하는 똑또기 때문에 더 스트레스받는 방학이었다.

"나 때문에 스트레스받았다고? 헐! 자기가 원해놓고는……! 못난 놈들은 꼭 남 탓한다니까."

이런, 이제 속마음까지 읽는 거야? 나한테는 맘대로 생각할 자유도 없는 거야?

"누가 생각할 자유가 없대? 거짓말하고 핑계대지 말라는 말이지."

에고, 내가 아예 생각을 말아야지. 엄마는 그래도 내 속마음까지 들여다보진 않았는데……. 이 녀석은 정말 무시무시하다. 내가 왜 공부한다고 해서, 아니지, 아니야! 세 명의 원수를 잊으면 안 되지.

개학하는 날, 나는 교실에 들어서자마자 세 원수를 찾았다.

먼저 나모태가 눈에 띄었다. 여전했다. 씩씩하고 당당하고 자신이 넘쳤다. 다들 떠들고 정신이 없는데 조용히 앉아서 책을 읽었다. 굉장히 두꺼운 걸로 봐서 교과서는 아니었다. 초3까지 완전 찌질이였는데 어떻게 저렇게 바뀐 건지 도무지 이해가 안 간다. 사라진 3년 동안 무슨 일이 있었는지 반드시 알아내고 말 거다.

다음으로 하권팔을 살폈다. 언뜻 봐도 피곤해 보인다. 심각하게 무언가를 하고 있었다. 자리에서 일어나 다른 곳을 살피는 척하며 슬쩍 확인해보니 학원 문제집이었다. 개학날 아침에도 학원 숙제를 붙잡고 있는 하권팔이 불쌍해 보이기도 하고, 대단해 보이기도 했다.

마지막으로 내 진짜, 최고, 왕 원수 찐따해에게 눈을 돌렸는데 잘못해서 눈을 딱 마주치고 말았다. 무슨 번개가 치는 줄 알았다. 삭막하면서도 증오에 찬 기운이 뿜어져 나왔다. 에고, 이래서 엄마가 웬만하면 원수는 만들지 말라고 했는데, 6학년 때 괜히 친구들에게 잘난 척하고 싶어서 시작한 일이 이렇게 돼버렸다. 시선을 돌렸다가 기회를 봐서 다시 바라보니 찐따해는 굳은 표정이었다. 힘겨움과 외로움이 묻어나는 표정, 살짝 불쌍한 생각이 들었다. 흠, 흠! 내가 이런 연민에 빠지면 안 돼! 찐따해는 내 철전지 원수라고! 난 손을 휘휘 저어 내 감정을 흐트러뜨렸다.

마지막으로 내 눈이 머문 곳은 초희가 앉은 자리다. 내 자리에서는 검은 머릿결만 보인다. 머릿결만으로도 우리 반, 아니 우리 학교, 아니 대한민국 전체에서 가장 예쁘다. 물론 이런 마음을 단 한 번도 전한 적이 없고, 내비치지도 않았다. 앗! 설마, 똑또기가 이걸 알아차린 건 아니겠지?

"왜 아니겠니? 오! 나보통, 눈이 높은데?"

나는 화들짝 놀라 책상 위에 놓여 있는 똑또기를 쾅 내리치며 소리를 질렀다.

"이게 조용 안 해!"

"야, 너 뭔데 느닷없이 책을 내려 치냐? 그리고, 도대체 누구보고 조용하란 거야?"

나와 함께 중간의 길을 가는 이대로였다. 이 녀석 참견은 알아줘야 한다. 조심해야지.

"걱정 마! 내가 아무리 크게 떠들어도 너밖에 못 들으니까."

똑또기 말을 듣고, 나는 가슴을 쓸어내리며 당황한 얼굴색을 가라앉혔다.

"별일 아냐! 잠깐 옛날 생각이 나서."

"자식, 싱겁기는. 야, 학교 끝나고 개학 기념 게임 한 판 해야지?"

대로가 들뜬 톤으로 말했지만, 난 힘없이 머리를 저었다.

"나도 무척 하고 싶지만… 집에 가야 해. 나중에 하자."

* * *

집에 돌아온 나는 나모태처럼 내일 수업 준비를 스스로 해보기로 했다. 국어 교과서 모습을 하고 있는 똑또기를 폈다. 다섯 번이나 소리 내어 읽었기 때문에 글이 익숙했다. 첫 장은 『자전거 도둑』이다.

나모태가 하는 식으로 글 전체 구조를 일단 정리해봤다. 낭독을 해서 소설의 흐름을 전부 기억하기 때문에 줄거리 정리는 어렵지 않았지만, 구조를 정리하기는 쉽지 않았다. 글의 주제도 나름대로 써보려고 했지만 너무 어려웠다.

"착하게 살자! 도둑질 하지 말자! 흠, 뭐 이런 건 아닐 텐데, 도대체 주제를 뭐라고 해야 하는 거야?"

한참 고민했지만 도저히 주제가 뭔지 알 수가 없었다. 그냥 대충 '도둑질 하지 말고 착하게 살자'로 쓰고 말았다. 글의 특징을 정리하는 건 주제보다 더 막막했다.

"쉬운 게 아니구나!"

대충 몇 개 썼는데 내가 맞게 썼다는 확신은 전혀 들지 않았다. 수남이와 주인집 할아버지가 어떤 사람인지는 조금 알 듯했지만, '수남이는 순진하고, 착하다', '주인집 할아버지는 약아빠졌고 못됐다' 그 이상은 모르겠다.

국어 시간에 선생님이 가르쳐주신 표현법, 상징적인 의미, 갈등을 찾아봤지만 잘 보이지 않았다. 어렵게, 어렵게 몇 개 찾았지만 맞는지도 잘 모르겠다. 본문 뒤에 나온 '읽기 후 활동'도 혼자 했다. 이 부분은 본문 줄거리를 거의 기억하기 때문에 답하기가 어렵지 않았다. 물론 다 맞았다고 확신하지는 못하지만, 일부는 내 대답이 100% 맞다는 확신이 들었다.

"와! 이게 이렇게 어려운 거였네. 모태는 10분도 안 걸리던데, 나는 한 시간씩이나 씨름해도 맞는지, 안 맞는지 모르겠어."

"네가 처음 해봐서 그래. 몇 번 하다 보면 모태처럼 10분도 안 걸려."

하긴 첫술에 배부를 수는 없지. 그래도 맞는지 안 맞는지 확인해보고 싶었다.

"야, 자습서 보고 확인하면 안 될까? 내가 제대로 한 건지 진짜 궁금해."

"제발 참아! 궁금함을 가득 안고 내일 수업을 기다려. 즉시 자습서로 확인하는 것보다 분명히 효과가 있으니까."

확인하고 싶어 조바심이 났지만 일단 꾹 참기로 했다. 솔직히 선생님은 뭐라고 하실까 무척 궁금했고, 빨리 내일 수업시간이 와서 답을 확인하고 싶었다.

'아! 이래서 혼자 스스로 생각해보라는 거구나!'

나는 나모태가 왜 혼자 힘으로 미리 공부를 하는지, 똑또기가 스스로 생각하기가 예습의 핵심이라고 하는지 알 듯했다.

"나모태는 여기서 멈추지 않았지?"

"알아! 배경지식을 알아보고, 작가에 대해서도 조사하고, 어휘도 찾았지."

일단 『자전거 도둑』을 쓴 작가인 박완서 선생님에 대해 조사를 했다. 어려운 설명도 있었지만, 『자전거 도둑』을 이해하는 데 도움이 될 만한 자료도 있었다. 시대적 배경이 되는 1970년대에 어떻게 살았는지도 알아봤고, 전파사라는 곳이 무슨 일을 하는지, 그때 당시 자동차는 어땠는지도 조사했다. 잘 모르는 어휘는 찾아서 정리하고 교과서 속 문맥과 연결하며 기억하려고 노력했다.

처음이라 시간이 꽤 걸렸지만 정말 뿌듯했다. 흐뭇한 미소를 지으며 국어교과서를 덮고는 뭐 좀 먹으려고 부엌으로 가기 위해 자리에서 일어났다.

"잠깐 앉아봐."

똑또기가 날 부르기에 별생각 없이 다시 의자에 앉았다. 그런데 뭔가 허전했다. 분명 엉덩이로 전해져야 할 촉감이 없었다. 우이씨, 똑또기가 그새 의자를 뒤로 뺐다. 이런 초보적인 공격에 당하다니! 몸이 뒤로 푹 꺼지며 붕~ 떨어지는데 냐옹 소리가 축포처럼 들렸다.

색깔 펜과 포스트잇을 활용하자

★ 나모태와 나보통의 국어 시간 들여다보기

국어 수업시간이다. 선생님이 뭐라고 말씀하시는데도 여전히 교과서는 꺼내지도 않은 채 대로와 책상을 사이에 두고 장난치는 나보통이 보인다. 나모태는 교과서를 왼손으로 잡고 오른손에는 삼색 펜을 들고 있다. 책상 위에는 두 종류 색의 포스트잇과 형광펜을 꺼내놓았다.

선생님이 수업을 시작했지만 나보통은 계속 주위를 두리번거리며 장난꺼리를 찾는다. 진다혜를 향해 몰래 지우개밥을 두 번씩이나 던지는데 반응이 없자 지루한지 꾸벅꾸벅 졸다가 교과서를 베개 삼아 잠이 든다.

나모태는 열심히 수업을 듣는다. 삼색 색깔 펜과 형광펜을 이용해 수업내용을 깔끔하게 정리한다. 중요한 부분에 표시를 하고, 선생님이 강조하신 부분에는 별표를 한다. 한 페이지를 넘어가자 포스트잇에 그 페이지에 가장 중요하다고 판단한 학습 내용을 따로 정리한다. 색깔이 다른 포스트잇을 꺼내더니 '갈등 구조 다시 확인해 보기'라고 쓴다. 아마 나중에 다시 공부하려나 보다.

나보통은 잠자다 선생님께 들켜서 야단을 맞는다. 졸린 눈을 비비더니 교과서와 팔뚝에 묻은 침을 얼른 닦는다. 잠시 수업을 듣는 척하다가 연필을 들고 교과서에 낙서를 한다. 가만히 보니 빙고다. 이대로와 손짓을 주고받으며 게임을 한다. 하권팔은 무언가 열심히 쓰는데 역시나 학원 숙제다.

"잠잘 때 침 흘리기가 전공이냐? 툭하면 침을 흘려요. 그리고 교과서로 빙고 게임은 왜 하는데? 어휴, 학생이 아니야, 학생이! 쪽팔리지도 않냐?"

나는 쪽팔렸지만 아닌 척했다.

"야, 학생이 공부만 하란 법 있냐? 그리고 침 흘리는 게 어때서? 그것도 개성이라고."

"잠자며 침 흘리기는 개성이 아니라 개를 닮은 성질이지. 아니다. 개도 잘 때는 침 안 흘린다."

"고만해라!"

인상을 구기며 책을 확 찢어버리는 시늉을 했다.

"그나저나 나모태는 뭐 하러 저렇게 온갖 펜과 포스트잇을 이용해 정리를 한데? 나중에 자습서 보면 간단한데."

"아직도 그런 소리를 하다니 넌 한참 멀었어. 학교 공부의 기본은 수업이야. 선생님은 가르친 걸 바탕으로 시험을 내셔. 그러니 당연히 수업에 집중해야지. 한 번 들어서는 모두 기억하지 못하니 듣고 바로 정리해야 하고."

뭐라 반박할 말이 없어서 난 입맛을 다셨다.

"삼색 펜을 쓰는 이유는 한 가지 색보다 깔끔하기 때문이야. 한 가지 색이면 변화도 없고, 구분이 잘 되지 않는데 색깔 펜을 다양하게 쓰면 나중에 볼 때 편하지."

맞는 말이었다. 그러다 문득 한 가지 의문이 생겼다.

"정리하느라고 수업을 못 들으면 어떡해? 내가 보니까 포스트잇까지 쓰던데 정리하느라 시간을 너무 빼앗기는 거 아냐?"

"오호, 나보통! 웬일로 좋은 질문을……! 네 말처럼 메모를 하느라 수업을 소홀히 들으면 안 되지. 나모태가 하는 걸 잘 봐. 메모하느라 수업을 소홀히 들니?"

나모태를 자세히 관찰했다. 선생님 수업과 나모태의 태도를 번갈아 살폈다. 나모태는 선생님의 설명을 놓치지 않았다. 선생님을 바라봐야 할 때는 선생님을 보고, 칠판을 봐야 할 때는 칠판을 봤으며, 교과서를 봐야 하는 순간엔 교과서를 보고, 프린트를 봐야 할 때에는 프린트를 봤다. 수업과 메모는 함께 해나갔다. 수업을 소홀히 하지 않으면서 잽싸게 메모를 했다. 포스트잇은 잠깐씩 틈이 날 때를 이용했다. 이런 말이 어울릴지 모르지만, 나모태는 수업과 하나가 되어 움직였다.

"완전 달인이구만."

나는 혀를 내둘렀다. 얼마나 연습을 하고 습관이 되었기에 저 정도 수준에 이르렀나 싶었다. 저렇게 수업을 듣고 정리를 하니 국어 만점을 맞는 게 당연했다. 반면에 예전의 나는 수업을 듣다 말고 자고, 수업을 듣다 말고 장난치고, 수업을 듣는 듯하다가 멍 때리기를 반복했다. 부끄러웠다. 나도 나모태처럼 해보고 싶었다.

수업을 간결하게 정리하는 시간, 2분!

에피소드 09

★나모태의 수업 정리법

수업이 끝난다. 애들은 한꺼번에 왁자지껄 떠들며 화장실로 가기도 하고, 친구들과 수다를 떤다. 나모태는 오늘 수업한 부분을 다시 살핀다. 처음부터 끝까지 쭉 핵심적인 부분을 다시 확인하며 읽는다. 가끔씩 하늘을 보며 뭔가를 암기하기도 하고, 선생님 말씀을 떠올리기도 한다. 2분 정도 그렇게 하더니 교과서를 덮고 자리에서 일어선다.

그런데, 그런 나모태를 은근한 눈빛으로 바라보는 허초희! 초희가 나모태를?

"좋아하는 줄은 알았지만 이 정도일 줄은 몰랐는걸!"

나는 화들짝 놀랐다.

"그렇게 좋아하는 거 아니거든."

차라리 침묵하느니만 못한 대답이었다.

"말도 안 되는 부정을 하기는. 그런데 어쩌나? 다른 애도 아니고 엄친아 나모태를 좋아하니 중간의 길 나보통은 가능성이 없겠군!"

보통 때 나라면 이런 시비를 그대로 두고 보지 않는다. 그러나 절망에 빠진 나는 아무것도 할 수 없었다. 힘이 쭉 빠졌다. 똑또기 말이 맞다. 초희가 나모태를 좋아한다면 나 같은 보통 인간은 경쟁 상대도 안 된다. 전교 1등에 키 크고 잘생긴 나모태를 두고 중간 성적에 평범한 외모인 나를 초희가 좋아할 리 없다. 그건 지나친 욕심이다. 차라리 로또에 당첨되길 바라는 게 더 나을지도 모른다.

날 더 놀리려던 똑또기는 내가 평소답지 않게 우울해하자 더 이상 장난을 치지 않았다.

"초희가 나모태를 정말 좋아하는지 안 하는지 모르잖아. 아직 둘이 사귄다는 소문도 없으니 너도 가능성은 있어. 너무 절망하지 마."

"그러겠지? 맞아! 나보통 가는 길에 좌절은 없어."

나는 억지로 힘을 냈다. 솔직히 말하면 힘을 내는 척했다.

"그래, 그래야 나보통이지."

"그나저나 나모태는 쉬는 시간에도 뭐하는 짓이래."

어떻게든 나모태를 깎아내리고 싶었다.

"기억이 사라지기 전에 확실히 다지려는 거야."

"기억이 사라지기 전에 다진다고?"

"인간의 기억은 시간이 지나면 기하급수적으로 지워져. 45분 동안 수업을 아주 열심히 들어도 인간의 두뇌는 5분만 지나면 잊어버리기 시작하지. 나모태는 수업을 듣자마자 중요한 내용을 다시 떠올리고 정리를 함으로써 수업의 내용을 머리에 확실히 새기는 거야."

"가장 빠른 시간에 복습하라 이거구나."

"바로 그거야! 오, 나보통! 가능성이 보이는걸!"

아마 똑또기는 내가 공부를 지금보다 잘할 가능성을 말하는 거겠지만, 나는 그 순간 나모태를 제치고 초희를 차지할 가능성으로 받아들였다. 초희만 내 여자친구로 만들 수 있다면 공부는 지금처럼 해도 좋다.

"나모태는 수업 뒤에만 저렇게 하는 게 아니야. 집에 가면 그날 수업한 걸 다시 한 번 복습해. 바로 그날 정리하기 때문에 오래 걸리지도 않아. 그리고 일주일 뒤엔 다시 일주일 동안 공부했던 걸 정리하지."

"스스로 생각하며 예습하고, 끊임없이 반복하며 복습하는구나. 어디서 많이 듣던 소린데."

"당연하지. 예습과 복습은 모든 공부의 기본이니까. 나모태는 국어뿐 아니라 다른 과목도 다 그렇게 해. 그래서 지금까지 네가 확인한 세 가지 공부법을 주춧돌 공부법이라고 하는 거야. 모든 공부의 토대거든."

주춧돌 공부법이라! 명칭이 너무나 어울렸다. 공부를 잘하려면 주춧돌 공부법을 잘 익혀야 한다. 공부의 주춧돌을 제대로 놓지 않았기에 난 늘 중간에 머무를 수밖에 없었다.

에피소드 10

★ 나보통과 허초희

이대로와 장난을 치던 나보통이 일부러 허초희에게 우연인 척 장난을 건다. 허초희는 살짝 미소를 짓더니 딴 데를 본다. 아주 잠깐 초희의 옆모습을 보며 머뭇거리던 나보통은 다시 이대로와 장난을 친다. 아이들이 떠드는 소리가 멀어지며 어둠이 덮인다.

쿵!

보통 때 같으면 엉덩이가 살짝 아팠기에 아프다며 과장되게 아픈 척하고, 의자를 몰래 뺀 똑또기에게 복수를 하려고 했을 테지만 나는 바닥에 앉은 채 책상 밑 먼지만 바라봤다. 먼지 하나하나가 눈에 들어왔다. 3류 드라마도 아니고 이게 무슨 꼴이람.

톡, 톡,

무시했다.

톡, 톡,

또 무시했다.

냐옹.

똑또기가 아니라 냥냥이였다.

"응, 냥냥이구나. 어이구 귀여워."

나는 일부러 냥냥이를 꽉 껴안았다. 틈만 나면 나를 구박하던 똑또기도 싱숭생숭한 내 마음을 아는지 아무 소리도 않고 책장에 기댄 채 날 물끄러미 보기만 했다.

"그래, 지금은 이러고 있을 때가 아니지. 힘을 내서 내가 배운 걸 정리를 해야지. 아싸! 내게도 기회는 있다고."

냥냥이를 안고 일어나며 나는 일부러 씩씩하게 말했다. 그렇게라도 하지 않으면 너무 우울할 것 같았다. 난 나보통이야. 어떤 경우에도 중간의 길을 가고, 보통 때처럼 지내야 해. 나는 나보통이니까.

"괜찮냐?"

"조금 전에 본 걸 정리하면 되지?"

똑또기의 말은 무시하고 의자를 씩씩하게 끌어온 뒤 자리에 털썩 주저앉았다. 공부법을 정리한 노트도 일부러 힘차게 폈다. 지금은 여기에 집중하자! 여기에! 지금 이 순간, 나보통은 이것밖에 할 수 없으니까.

국어만점비법 03

색깔 펜, 포스트잇, 핵심요약으로 수업을 충실히 다져라

수업은 공부의 기본이며, 시험 문제는 수업에서 나온다. 수업시간에 색깔 펜, 포스트잇을 활용해 선생님 강의를 꼼꼼히 교과서에 기록한다. 수업이 끝난 뒤에는 수업을 정리한다. 수업 정리를 어떻게 하느냐에 따라 성적이 결정된다. 정기적으로 복습을 해서 기억을 다진다. 수업을 정리하고 복습을 하는 원칙은 다음과 같다.

원칙 1 **색깔 펜, 포스트잇을 활용해 눈에 잘 띄게 정리한다.**

핵심을 명확히 해놓으면 복습하기에 좋다. 색깔 펜은 수업받은 내용을 눈에 보기 좋게 정리하고, 포스트잇은 핵심을 정리하거나 의문점이 들 때 사용한다. 메모를 할 때는 메모를 하느라 수업을 소홀히 하면 안 된다. 수업의 흐름을 잘 따라가면서 필요하면 메모를 하고 중요 표시를 한다.

원칙 2 **수업이 끝난 뒤엔 2분 동안 수업받은 내용을 정리한다.**

핵심을 확인하고 수업의 흐름을 되새기며 필요한 부분은 재빨리 암기한다. 쉬는 시간 2분은 수업 핵심을 요약하는 시간이다. 이렇게 해야 망각하지 않고 수업을 정확하게 기억한다.

원칙 3 **정기적으로 복습을 한다.**

하루 수업이 끝나면 저녁 때 그날 배운 걸 복습하고, 일주일 동안 배운 건 주말에 정리한다. 정기적인 복습은 기억력을 높이고, 망각을 몰아낸다.

둘째 마당

갈래별 공부법

갈래에 따라
공부법이 다르다

01

소설은
사람을 이해하는 수단이다

의식하지 않으려 했지만 쉽지 않았다. 자꾸 시선이 갔다. 보통 땐 정말 자연스럽게 보고, 장난치고, 말도 걸었는데 이제는 잠깐 눈을 돌리기도 어색했다.

"고민이 많을수록 단순해지는 게 좋아."

똑또기가 진지하게 충고했고, 나는 그 충고를 받아들였다. 지금은 공부에 집중해야 할 때다. 초희의 마음을 빼앗아간 나모태는 어차피 내 원수였다. 이래저래 나모태를 향한 도전의식이 치솟았다. 전교 1등이라는 자리가 꿈처럼 보였지만, 나모태도 초등학교 때는 찌질이에 못난이였다. 나모태는 찌질이에서 1등으로 올라섰으니, 중간인 나는 옛날 나모태보다 훨씬 가능성이 높다.

오늘은 주춧돌 공부법을 익힌 뒤 처음 받는 국어 수업이다. 긴장하지 않으려고 하는데도 살짝 몸에 힘이 들어가고 입이 바싹 말랐다. 평소답지 않게 수업시간 전에 교과서를 다시 한 번 살폈다. 수남이가 자전거를 끄는 삽화가 귀여웠다.

어젯밤에 내 힘으로 정리했던 주제, 구성, 특징, 표현법, 인물 분석 등을 다시 읽어봤다. 과연 내 분석이 맞는 걸까? 선생님은 뭐라고 말씀하실까? 수업이 다가올수록 긴장은 물러나고 궁금증이 그 자리를 대신했다.

일단 수업을 받기 위한 준비를 했다. 교과서를 책상 가운데 두고, 내가 미리 정리한 노트를 그 옆에 놓았다. 삼색 펜은 손에 쥐고, 형광펜 두 개는 교과서 앞에 두었다. 혹시 잘못 메모할 때를 대비해 화이트도 챙겼고, 포스트잇도 세 가지 색깔로 준비했다.

선생님은 곧바로 수업에 들어가지 않았다. 이런저런 농담도 하시고, 2학기 계획도 말씀하셨다. 나는 빨리 본 수업으로 들어가기를 바랐다. 내가 이런 생각을 하다니, 나도 놀랍다. 선생님이 공부와 상관없는 다른 이야기를 하면 좋아하고, 어떻게든 시간을 끌어 단 1초라도 더 놀려고 했던 평소의 나와 완전히 마음가짐이 달랐다. 내 해석이 맞는지 빨리 확인하고 싶었다.

드디어 선생님이 수업을 시작하셨다. 『자전거 도둑』이 첫 수업이다. 『자전거 도둑』의 배경과 수업목표에 관해 말씀하시는데 대부분 익숙한 내용이었다. 보통 학원에서 선행학습을 하면 다 안다고 여겨서 수업시간에 집중하기 어렵다고 하는데, 나는 대부분 아는 내용임에도 집중력이 떨어지지 않았다. 오히려 내가 스스로 파악한 내용을 확인할 때마다 기쁨이 차올라서 수업이 재밌었다.

본격적으로 본문 수업에 들어갔다. 낭독을 통해 줄거리나 표현을 확실히 다져놓았기 때문에 설명이 귀에 쏙쏙 들어왔다. 내가 전혀 생각하지 못한 부분을 선생님이 설명하실 때는 집중이 더 잘됐다.

선생님의 설명을 메모하고, 필요한 부분에는 표시도 하고, 중요하다는 부분에는 별표도 했다. 선생님이 나눠주신 프린트에도 꼼꼼하게 기록했다. 그러나 포스트잇은 언제, 어떻게 써야 할지 알 수가 없었고, 형광펜 쓰기도 쉽지 않았다.

메모도 의욕만큼 잘되지 않았다. 수업에 집중하면 메모가 안 되고, 메모를 하려다 수업을 놓치기도 했다. 얼핏 나모태를 봤는데 과거로 가서 봤던 때처럼 흐트러짐 없이 선생님 수업을 따라가고 있었다. 꼭 널 따라잡고 말겠어!

처음 두 페이지에 메모와 표시를 가득 해놓고 나니 교과서가 3색으로 가득했다. 그런데 지저분했다. 열심히 수업을 들어서 기쁘기는 하지만, 정리되지 않은 교과서는 혼란스럽기까지 했다.

"처음이니까 그래! 자꾸 해봐. 그럼 너만의 감각이 생길 거야. 중요한 건 자기만의 방식을 찾는 거야."

똑또기의 응원에 힘입어 수업이 끝날 때까지 열심히 했다. 예습을 한 효과는 확실했다. 대로가 빙고게임을 하자고 유혹했지만 무시했다. 침도 흘리지 않았다.

수업을 마치고는 바로 수업의 핵심을 되짚었다. 되짚는 동안 선생님이 하시던 말씀, 강조했던 말투까지 다 기억이 났다. 정말 생생했다. 수업시간이 끝나자마자 2분 동안 수업을 다시 되새기며 정리하라는 이유를 몸으로 확인했다. 집에 가면 오늘 공부한 내용을 다시 복습하겠다고 다짐했다.

공부를 마무리하고 화장실도 가고, 친구들과 놀기 위해 자리에서 일어나려다 문뜩 『자전거 도둑』에서 수남이가 왜 못된 주인 영감에게 그렇게 애착을 보이는지 궁금해졌다. 수남이의 마음을 정말 이해하기 힘들었다. 나는 의자에 다시 앉아 포스트잇을 꺼내서 궁금증을 적었다. 포스트잇을 해당 쪽에 붙였다. 노란 포스트잇과 검정 글씨가 선명했다. 뿌듯했다. 무언가 제대로 수업을 받았다는 만족감이 차올랐다.

자리에서 일어섰다. 그때 갑자기 이대로가 다가들며 나를 확 밀었다. 원래 이렇게 자주 놀았기에 평소 같으면 기우뚱 하다가 다시 맞받아쳤을 텐데, 공부에 너무 집중하다 보니 대응력이 떨어졌다. 나는 대책 없이 뒤로 확 밀렸고 옆구리를 책상에 강하게 부딪쳤다. 너무 세게 부딪치다 보니 순간적으로 정신이 아득해졌고, 몸에서 힘이 쭉 빠지며 나는 그대로 바닥에 쓰러졌다. 교실 벽에 냥냥이 사진이 흐릿하게 보였다.

소설은 작가가 만든 상상의 세계다

"대단해."

주위는 깜깜한데 목소리만 들렸다.

"설명하지 않았는데 스스로 소설 공부의 핵심에 접근하다니, 놀라워."

뭐가 소설 공부의 핵심인지는 모르겠지만 아무튼 칭찬은 반갑다. 하지만 온통 어둠뿐이라 무서움이 일어 칭찬을 온전히 즐기기는 어려웠다.

"여긴 어디냐?"

옆구리를 쓰다듬으며 간신히 물었다. 옆구리가 심하게 아프지는 않았다.

"너의 상상 속 세상이야."

"내 상상 속 세상이라고? 그런데 왜 이렇게 어두워?"

"네가 아직 상상을 시작하지 않았으니까."

"내가 뭘 상상해야 하는데?"

"너의 궁금증을 해결하기 위한 상상."

난 잠시 멍했다. 무슨 말인지 이해하지 못했기 때문이다.

"수남이가 왜 못된 주인 영감에게 그렇게 애착을 보이는지 궁금하다고 했잖아. 그 궁금증을 해결해봐야지."

"어떻게 하면 돼?"

"『자전거 도둑』 이야기를 떠올려봐."

『자전거 도둑』 이야기를 떠올리면 어찌 된다는 건지 모르겠다. 아무튼 일단 똑또기가 시키는 대로 해보기로 했다.

에피소드 11

★나보통의 소설 공부를 위한 상상의 세계

깜깜하다. 갑자기 뿅~ 하고 『자전거 도둑』 삽화 속 수남이 나타난다. 내가 좋아하는 만화 형태다. 실감이 안 나지만 영화처럼 바꿔서 상상해본다. 수남이 10대의 영화배우로 바뀐다. 못된 얼굴을 한 주인 영감이 나타난다. 둘이 나란히 선다. 수남의 가게가 나타난다. 주인 영감이 수남을 쓰다듬고, 수남은 고마워한다.

"속마음으로 들어가 봐." 똑또기다. "여긴 네가 만드는 상상 속 세상이야. 여기선 네가 신이야. '전지적 작가 시점'이라고 배웠지? 넌 여기서 전지전능한 신이니까 너는 사람 마음에도 들어갈 수 있어."

일단 주인 영감 마음으로 들어간다. 엉큼하다. 수남을 어떻게든 더 부려먹으려고 한다. 한 푼이라도 아끼려는 좀스런 욕심이 보인다. 그러면서도 수남에게는 아닌 척한다. 완전 거짓말쟁이다. 수남의 마음에도 들어가 본다. 수남은 시골에서 올라온 순진한 10대 소년이다. 시골에서만 자라서 너무 순진하다.

완전 속고 있다.

"수남이는 주인 영감에게 속아서 애착을 보이는 거야."

내가 단호히 말하자, 똑또기가 대꾸한다.

"물론 그 대답도 틀리지는 않아. 하지만 충분한 대답이 될까? 더 깊이 상상해봐."

뭘 상상해야 할지 잠시 망설이다 수남이 어떤 처지인지 떠올린다. 시골에서 갓 올라온 수남이 보인다. 외롭다. 도시 생활을 하는 데 의지할 사람이 없다. 주변에 있는 사람들은 틈만 나면 수남에게 꿀밤을 먹인다. 너무 싫다. 주인 영감이 수남을 감싸는 척한다. 외롭고 구박받는 처지인데 나를 위해주니 진심이 없는 말인데도 너무나 고맙다.

"아! 외로움 때문이었어. 너무나 외롭기에 주인 영감의 가짜 따스함에 속아 넘어갔어."

나는 답을 내 힘으로 찾아내고는 흥분해서 살짝 떨기까지 했다.

"수남은 사랑과 보살핌에 목말라 하는 10대 소년이야. 그러니 가짜 사랑과 보살핌에도 너무나 고마움을 느낀 거야."

"놀라워! 대단해! 나보통이 보통이 아니네."

나보통이 보통이 아니면 내가 내가 아니란 소리잖아? 이게 뭔 말이지? 어휴 헷갈려.

아무튼 어려운 질문에 대한 답을 스스로 찾았다는 자부심에 내가 자랑스러웠다.

"소설은 사람이 살아가는 이야기니까 소설은 사람을 담은 글이야."

"사람에 대해 궁금해하고, 그 궁금증을 해결해나가는 과정이 소설 공부란 말이네."

"『자전거 도둑』에는 여러 사람이 나와. 수남이, 주인 영감, 수남이 돈 받으러 간 가게 주인, 자동차 주인인 신사, 사고가 났을 때 지켜보던 사람들, 아버지, 도둑질한 형, 이렇게 수많은 사람이 서로 관계를 맺고 살아가는 이야기가 바로 소설 『자전거 도둑』이야. 이야기의 주인공은 수남이니까 수남을 중심으로 모든 사람이 관계를 맺고, 사건이 벌어지지."

"그러니까 사람을 이해하고, 사람의 관계를 이해하라는 말이구나. 그러면 소설을 다 이해한다는 말이네. 그리고 보니 소설은 '진실을 담은 허구'라고 선생님이 말씀하셨는데, 수업시간에 들을 때는 그 말이 무슨 뜻인지 몰랐는데 이제 알겠어. 작가가 만들어낸 이야기라서 허구지만, 그 속에 사람이 사는 모습은 진짜 이야기를 담기에 진실이야."

"와우! 스스로 그런 결론까지 내리다니 대단하네. 역시 보통이는 보통이 아니야!"

똑또기의 칭찬에 은근히 기분 좋았다.

"남 이름으로 놀리는 거 그만해라!"

나는 웃으면서 책을 좌우로 확 찢는 시늉을 했다.

"그런데 글을 상상을 통해 현실처럼 만드니까 너무 재밌네. 솔직히 나는 글 읽는 게 정말 싫거든."

"넌 방금 '오감상상력 재생기'의 위력을 맛본 거야."

"오감상상력 재생기? 그게 뭔데?"

오감상상력 재생기란 말에 내 감각은 다시 흥분했다.

"우리에게는 다섯 가지 감각이 있어. 그 다섯 가지 감각을 총동원해서 글을 현실처럼 느끼도록 상상하는 게 '오감상상력 재생기'야. 글을 읽으며 상상력을 발휘하되 오감을 총동원해서 마치 현실처럼 느끼며 읽는 거야. 그럼 글이 생생하게 다가오고, 글 속에 나온 사람도 잘 이해를 하지. 오감상상력 재생기는 등장인물의 마음속까지 드나드는 전지전능한 도구여서 영화나 드라마보다 실감나지."

솔직히 맞는 얘기였다. 물론 똑또기가 마법을 부려서 실감나게 느끼기도 했지만 내 상상 속 세상으로 접하는 『자전거 도둑』 이야기는 만화보다 훨씬 재미있었다. 만약 다른 소설도 오감상상력 재생기를 동원해서 읽으면 어떨까? 만화나 영상보다 재미있지 않을까? 갑자기 소설을 마구 읽고 싶다는 욕구가 치솟았다.

소설 이해의 첫 번째 도구, 사람

다시 깜깜해졌다.

"여긴 어디야?"

어둠 속에서 내가 물었다.

"넌 조금 전에 오감상상력 재생기가 얼마나 신 나고 멋진지 알겠지? 그런데 그건 말 그대로 맛보기였어. 이제부터 오감상상력 재생기를 제대로 쓰려면 어떻게 해야 하는지 배울 거야."

"제대로 쓰는 방법을 배운다고?"

"그래."

"어떻게?"

"지금부터 나모태의 오감상상력 재생기 속으로 들어갈 거거든."

★ 나모태의 오감상상력 재생기

책을 읽으며 나모태가 오감상상력 재생기로 상상력을 펼친다.

"수남이는 청계천 세운상가 뒷길의 전기용품 도매상의 꼬마 점원이다."

1970년대 낡은 청계천 세운상가가 보인다. 영화에서나 봤던 풍경이다. 영화만큼 실감난다. 전기용품 도매상가에서 일하는 꼬마점원이 보인다. 돌아다니는 사람들, 간판, 전화기, 들려오는 노래 등이 1970년대 분위기를 물씬 풍긴다.

"이곳 단골 손님들은 우락부락한 전공들이 대부분이어서 성질들이 거칠고 급하다."

거친 전공들 틈에서 힘겨워하는 수남의 처지가 보인다. 툭하면 꿀밤을 맞아 주눅이 들어있다.

"이런 호령이라도 들려오면 수남이는 우선 고개를 움츠려 알밤을 피하는 시늉부터 한다. 설마 전화통에서 알밤이 튀어나올 리는 없는데 말이다."

수남의 성격이 그대로 전해온다. 소심함이 가슴을 울린다.

"그래서 인석이 그저 틈만 있으면 책이라고, 허허……. 수남이는 가슴이 크게 출렁인다."

"자기 또래의 고등학생만 보면 가슴이 짜릿짜릿하던 수남이다."

수남의 감정이 얼굴 표정뿐 아니라 가슴으로 다가온다. 주인 영감이 야학에 들어가서 공부할 인재로 추켜세우니 가슴이 뿌듯하고 고맙다. 가슴이 짜릿짜릿하다는 단어에 내 심장도 짜릿짜릿하다.

"맨손으로 어린 나이에 서울에 와서 거지도 안 되고 깡패도 안 되고 이런 어엿한 가게의 점원이 된 것만도 수남이로서는 눈부신 성공인데, 벼락 맞을 노릇이지. 어떻게 감히 공부까지를 바라겠는가."

수남이 생각한다. 그 생각이 그대로 떠오른다. 겸손함과 감사가 묻어난다.

그 뒤로도 나모태의 오감상상력 재생기는 사건이 벌어지는 배경, 수남이 처한 처지, 수남의 성격, 시시때때로 변하는 수남의 감정, 사건이 벌어지는 상황에서 수남이 떠올리는 생각까지 생생하게 보여준다. 나는 그걸 생생하게 보고, 실감나게 느낀다.

"어때?"

똑또기가 물었지만 나는 잠시 아무런 대답도 하지 않았다. 『자전거 도둑』 글

속에 담긴 배경, 처지, 성격, 감정, 생각을 생생하게 떠올리고 느끼고 나니 내가 잠깐 동안 완전히 수남이 된 기분이었다.

"잠깐 동안 내가 수남이 된 기분이었어. 너무나 실감이 나."

"이게 소설을 이해하는 첫 번째 도구인 '사람 이해하기'야."

나는 똑또기 말을 듣고 곧바로 무슨 뜻인지 알아차렸다. 잠깐 동안 내가 완전히 수남으로 산 기분이 어떤지 확인했기 때문이다.

"배경, 처지, 성격, 감정, 생각은 한 사람을 이해하는 데 필수 요소야. 오감상상력 재생기를 돌릴 때 이 다섯 가지가 나올 때마다 생생하게 재생하면 마치 내가 소설 속 등장인물이 되는 기분이 들지. 그러면 별도로 설명을 듣지 않아도 소설을 완전히 이해하는 거야."

나도 동의한다. 나보통이 나보통이 아닌 삶을 경험하고 보니 이상한 기분이 들기도 했다. 나는 중간의 길, 보통의 길을 좋아하기에 남들처럼 일등하려고 애쓰지 않았다. 중간만 하면 된다고 믿었고 죽어라 공부하는 애들, 찌질이로 지내는 애들, 놀 때 제대로 놀지 못하는 애들이 이해되지 않았고 이해하고 싶지도 않았다. 나는 평균에서 벗어나 보이는 삶을 싫어했고, 다른 애들을 이상하게 여겼다. 그런데 오감상상력 재생기로 일시적이나마 수남이 되어보고는 나의 이런 생각이 내게는 정답이지만, 다른 사람에게는 오답일지도 모른다는 생각을 처음으로 했다. 어쩌면 찐따해에게 내가 예전에 정말 못된 짓을 한 것인지도······.

"훌륭한 생각이야."

아차! 또 똑또기가 내 생각을 읽었구나.

"야! 너 또 내 생각 훔쳐봤지?"

"흠흠, 하고 싶지 않아도 타고난 능력이라 어쩔 수가 없어."

"어휴, 그래도 하지 마! 내 마음은 내 거야. 누구도 간섭할 수 없어!"

나는 칼을 휘두르듯 날카롭게 소리쳤다.

"그건 인정. 앞으로는 조심할게. 그리고 넌 방금 소설 공부의 핵심을 이해했어. 진짜 소설 공부는 요즘 학교에서 하듯이 달달 외우고, 밑줄 긋는 방식이 아니야. 네가 방금했듯이 사람을 이해하는 힘을 키워주는 공부여야 해. 넌 진짜 소설 공부를 했어."

역시 칭찬은 힘이 세다. 속마음을 들켜서 기분이 나빴는데 금방 우쭐하고 행복한 기분이 드니 말이다.

소설 이해의 두 번째 도구, 갈등

에피소드 13

★ 소설에서 갈등을 이해하는 방법

수남의 자전거가 바람에 넘어지며 차를 긁고, 차 주인이 와서 돈 5천 원을 물어내라고 한다.

> "수남이는 주머니에 든 만 원 생각을 하면 얼굴이 화끈대고 공연히 무섭기까지 하다. 그렇지만 주인 영감님을 위해 그 돈만은 죽기를 무릅쓰고 지킬 각오를 단단히 한다."

수남은 5천 원을 달라는 차 주인에게 돈을 빼앗기지 않으려고 단단히 결심한다. 돈을 받으려는 차 주인과 수남이 대립하고 갈등한다. 차 주인과 수남의 생각이 대립하고 갈등하는 장면에서 영화처럼 긴장감이 흐른다. 내 손에도 땀이 묻어난다.

차 주인이 자전거에 자물쇠를 채우고 사라지자 누군가 자전거를 들고 도망치라고 한다. 잠시 망설이며 갈등하던 수남은 자전거를 들고 도망친다. 주인 영감은 돈을 물지 않고 도망친 수남을 칭찬하고 자전거에 채워놓은 자물쇠를 분해한다.

"엎드려서 그 짓을 하고 있는 주인 영감님이 수남이의 눈에 흡사 도둑놈 두목 같아 보여 속으로 정이 떨어진다. 주인 영감님 얼굴이 누런 똥 빛인 것조차 지금 깨달은 것 같아 속이 메스껍다."

그 뒤 수남은 자신이 도둑질을 했다는 죄책감과 정당하게 행동했다는 자기합리화 사이에 갈등한다. 나도 수남의 내적갈등 속으로 들어가 함께 고민한다. 무엇이 옳은 걸까? 수남이 자전거를 들고 튄 것은 도둑질일까, 아니면 정당한 행동일까? 왼쪽 뇌 끝이 찌릿찌릿하며 아프다. 심장은 쿵쾅거린다. 나는 수남이가 된 듯 갈등한다.

"너는 방금 외적갈등과 내적갈등을 실재처럼 경험했어."
"그러게. 수남이 차 주인과 다투는 외적갈등일 때는 내 손에 땀이 났어. 수남이 죄책감과 자기합리화 사이에 내적갈등으로 힘들어 할 땐 나도 덩달아 골치가 아팠어."

내 손은 아직도 땀이 배어있고, 머리는 지끈거렸다.

"혹시 너 소설의 5단 구성 알아?"

"5단 구성? 그러니까 그게 발단, 위기 뭐 이런 건가?"

나는 쑥스럽게 웃으며 얼버무렸다.

"그 비슷해. 발단 – 전개 – 위기 – 절정 – 결말."

"아! 들어봤어. 그런데 그게 뭐?"

"소설의 5단 구성은 바로 갈등이 어떤 식으로 전개되느냐에 따라 나뉘거든. 소설은 갈등을 축으로 이야기를 전개해. 갈등이 없으면 어떨까?"

갈등이 없는 소설? 잠깐 상상을 해봤다. 갈등 없이 그냥 편안하고, 무난한 삶을 지루하게 보여준다면? 정말 재미없다. 그런 글은 소설이 아니다.

"갈등은 소설을 풀어가는 핵심 엔진이지. 갈등에는 외적갈등과 내적갈등이 있어. 다른 사람과 관계에서, 사회와 나의 관계에서 생기는 갈등이 외적갈등, 마음으로 하는 갈등이 내적갈등이지."

"엄마랑 게임을 더 하네 마네, 용돈을 더 주네 마네 하며 다투는 상황이 바로 외적갈등이겠네. 짜장면을 먹을지 짬뽕을 먹을지, 잠을 잘지 책을 볼지, 스포츠를 볼지, 드라마를 볼지 마음으로 갈등하는 게 내적갈등. 맞지?"

나는 내 경험에 비추어 갈등을 설명했고, 똑또기는 또다시 나에게 칭찬을 듬뿍 날렸다.

"사람은 사회적인 존재야. 그러니 갈등을 일으키며 살 수밖에 없어. 나는 소설을 통해 갈등을 해결하는 힘을 배워야 한다고 믿어."

갈등을 해결하는 힘을 배워야 한다고? 흠, 갈등이라! 갑자기 보기 싫은 찐따해의 얼굴이 떠올랐다. 쩝! 찐따해 얼굴을 털어내기 위해 손으로 머리털을 잽싸게 털었다. 머리털을 털고 남은 잔상도 지우개로 잽싸게 지웠다.

소설 이해의 세 번째 도구, 표현

에피소드 14

★ 소설에서 표현을 이해하는 방법

간판이 떨어져 지나가던 아가씨가 다치고 나자 수남은 불길한 느낌에 휩싸인다.

> "하여튼 수남이가 알 수 있는 것은 그 아가씨도 그렇고, 그 아저씨도 그렇고 오늘 재수 옴 붙었다는 것뿐이었다. 수남이는 문득 자기도 재수 옴 붙을 것 같은 예감이 들었다."

재수가 옴 붙을 것 같은 예감? 맞다. 이 예감은 나중에 현실이 된다. 현실에서는 불길한 예감이 들어도 실제로 일이 벌어지는 경우는 드물지만, 소설에서는 불길한 예감은 꼭 현실이 된다.

> "바람 부는 서울의 뒷골목은 흉흉하고 을씨년스러웠다. 먼지는 물론 온갖 잡동사니들이 다 날아들어 가게 앞에 쓰레기 무더기를 만들었다. 쓸어도 당해낼 도리가 없었다."

구체적인 장면이 펼쳐진다. 흉흉한 분위기, 잡동사니와 쓰레기가 가득한 가게 앞, 무언가 더럽고 구질구질하다. 풍경 속에서 삭막한 기운이 감돈다.

"주인 영감님의 목소리가 회오리바람을 타고 이상하게 날카롭고 기분 나쁘게 들린다."

목소리와 회오리바람이 절묘하게 얽힌다. 회오리바람 속에 소리가 실려서 온다. 기분이 나쁘다. 다정하던 주인 영감이었는데 순간적으로 나쁜 감정으로 뒤바뀐다.

"수남이는 짐을 꾸렸다. 아아, 내일도 바람이 불었으면, 바람이 물결치는 보리밭을 보았으면. 마침내 결심을 굳힌 수남이의 얼굴은 누런 똥 빛이 말끔히 가시고 소년다운 청순함으로 빛났다."

바람이 물결치는 보리밭! 삭막한 서울의 뒷골목과 묘한 대조를 이룬다. 쓰레기가 가득한 뒷골목에 바람이 물결치는 보리밭이 서로 마주한다. 한쪽은 불쾌하고, 한쪽은 상쾌하다. 누런 똥 빛이 가신 수남의 표정도 환하다. 갈등이 사라지고 순수한 모습을 찾은 듯해 나도 안심이 된다.

"재수 옴 붙을 것 같은 예감에서 불안한 수남의 감정을 느꼈어. 그건 그대로 나중에 현실이 되잖아. 이런 게 소설에 숨겨 놓은 장치구나. 예전에는 그냥 받아 적고, 외워서 문제풀이만 해서 이 표현에 어떤 효과가 있는지 전혀 생각 안 해봤어."

똑또기가 기특하게 나를 봤다. 내가 또 무슨 멋진 말을 하나 기다리는 듯해서 계속 말을 이었다.

"흉흉한 서울의 뒷골목 풍경을 생생하게 접하고 보니, 정말 불쾌했어. 아마 수남이가 처한 현실을 보여주나 봐. 이것도 작가가 소설에 숨겨놓은 장치처럼 보여. 나중에 바람이 상쾌하게 부는 보리밭이랑 대조를 이뤄. 보리밭은 과거 순수했던 수남이, 다시 돌아가야 할 수남의 지향점을 상징하는 표현일 거야."

똑또기는 동그란 눈을 떴다. 놀라는 기색이 역력했다.

"회오리바람, 누런 똥 빛도 다 상징성이 있어. 전부 주인 영감의 본질을 보여주지. 수남이 알던 착한 주인 영감은 가짜임을 드러내."

짝! 짝! 짝!

"대단해! 정말 대단해! 넌 지금 소설의 상징, 복선과 암시 등을 완벽히 이해했어. 소설의 표현법에 담긴 비밀을 엿본 거야. 이게 바로 일반적인 이야기나, 우리가 일상에서 겪는 일과 소설이 다른 점이지. 소설에는 이런 장치들이 정말 많아. 그 장치를 찾는 재미야말로 소설을 읽는 즐거움 중 하나지."

재미난 표현법을 찾는 재미는 정말 컸다. 평소에 학교 공부할 때 이런 재미를 전혀 못 느꼈다는 것이 오히려 이상했다. 우리가 이런 재미를 느끼도록 선생님이 소설을 가르치면 안 되나 하는 생각을 잠깐 했다.

소설 이해의 네 번째 도구, 주제

★ 소설에서 주제를 이해하는 방법

"자신이 잘못한 행동을 반성하고, 현대인들의 부도덕함과 양심을 저버린 태도를 비판한다."

나모태는 『자전거 도둑』의 주제를 쓰더니 몇 번이나 읽는다. 나모태는 자신이 잘못했던 행동이나 태도를 떠올린다. 빠른 속도로 나모태가 반성하는 장면이 지나간다. 장면들이 선명하지 않다. 똑또기가 일부러 흐리게 만든 게 분명하다. 나도 내가 과거에 잘못했던 행동을 떠올린다. 여러 장면이 겹쳐 지나가는데 또다시 찐따해가 떠오른다. 생각을 털어버리기 위해 머리를 흔든다.

나모태는 주제를 중심에 두고 『자전거 도둑』을 처음부터 끝까지 다시 떠올린다. 이야기와 표현들이 주제와 어떤 연관을 맺는지 한참 고민한다. 나는 나모태가 하는 생각의 흐름을 따라잡기 버겁다. 그럼에도 주제와 사건, 배경, 성격, 갈등이 어떤 식으로 얽혀있는지 대략 흐름이 보인다.

눈을 떠보니 보건실이었다. 옆구리는 여전히 결렸다. 주위에는 아무도 없었다.

"괜찮은 거 다 아니까 일어나."

똑또기다.

"여긴 또 어떻게 왔냐? 애들 많은데 오기 힘들지 않았어?"

"그런 걱정은 말고. 마지막에 배운 걸 정리해야지."

"주제를 정리한 뒤에 주제가 내게 어떤 의미가 있는지, 주제가 소설 전체와 어떤 관련이 있는지 하나씩 떠올렸어. 아마 주제를 더 깊이 이해하기 위함이었을 거야."

나는 아픈 옆구리를 쓰다듬으며 힘겹게 말했다.

"빙고! 소설은 결국 갈등이 담긴 사건을 통해 주제를 전하는 것이 목적이야. 희곡이나 시나리오도 이야기를 풀어나가는 방법이 소설과 조금 다를 뿐 본질은 같아. 글을 읽는 사람은 작가가 전하는 주제를 정확히 전달받고 가슴에 새긴다면 소설 공부는 끝나는 거야."

똑또기가 건네주는 공책에 소설 공부를 잘하는 네 가지 도구 이용법을 정리했다. 정리하는 내내 찐따해 얼굴이 떠올라 애를 먹었다. 보기 싫은 애 얼굴은 왜 자꾸 떠오르는지.

네 가지 도구를 활용해 소설을 이해하라

소설은 진실이 담긴 허구다. 작가가 창조한 이야기는 허구지만, 그 속에 사람의 삶을 담기에 진실이다. 허구의 이야기를 통해 사람에 관한 진실을 파악하기, 이게 소설 공부의 핵심이다. 그러기 위해서 필요한 게 오감상상력 재생기다. 오감상상력 재생기는 시각, 촉각, 미각, 후각, 청각을 총동원해 소설(시나리오, 희곡도 동일하다)을 생생한 현실처럼 바꿔가며 글을 읽는 것을 말한다. 오감상상력 재생기를 동원하면 소설 읽기가 영화보다 재미있다. 오감상상력 재생기로 소설을 생생하게 전환할 때는 다음의 네 가지 핵심 도구를 사용한다.

소설 이해의 첫 번째 도구, 사람

배경, 처지, 성격, 감정, 생각은 한 사람을 이해하는 수단이다. 이 다섯 가지가 나올 때마다 오감상상력 재생기를 생생하게 돌려서 배경, 처지, 성격을 이해하고, 감정과 생각을 실감나게 느낀다. 이 다섯 가지를 생생하게 활용하면 소설을 읽는 동안 내가 마치 소설 속 등장인물이 되는 기분이 든다. 그런 기분에 빠져 들면 등장인물의 성격이나 생각, 처지나 갈등 등에 공감하게 되고, 소설의 핵심에 접근하게 된다.

소설 이해의 두 번째 도구, 갈등

소설의 5단구성은 갈등에 따른 구분이다. 갈등은 소설의 핵심 엔진이다. 갈등은 내적
갈등과 외적갈등이 있는데 이런 갈등이 왜 생기는지, 갈등이 어떻게 전개되고, 해결되
는지 이해해야 한다.

소설 이해의 세 번째 도구, 표현

소설이 다루는 이야기는 일상의 이야기와 다르다. 소설에는 작가가 이야기를 더 재미
나게 표현하기 위해 숨겨놓은 수많은 표현법이 있다. 작가가 표현한 문장을 오감상상력
재생기를 통해 생생한 이미지로 전환하면 표현법이 의미하는 바가 명확히 드러난다.
표현법의 재미를 알면 소설을 이해하는 힘이 커진다.

소설 이해의 네 번째 도구, 주제

주제는 작가가 소설을 통해 전하려는 핵심 메시지다. 주제를 명확히 이해한 뒤 자기
삶과 연결해보고, 소설에 담긴 이야기나 표현과 주제가 어떤 식으로 연결되는지 하나
씩 따져본다. 주제 이해하기는 소설 이해를 완성하는 마침표다.

02
시 언어는
우리가 쓰는 일상 언어가 아니다

『자전거 도둑』외에도 다양한 소설을 읽었다. 내가 배운 교과서에 실린 소설 뿐 아니라, 다른 출판사에서 발행한 교과서에 실린 소설도 읽었다. 읽으면서 오감상상력 재생기와 네 가지 이해 도구를 활용해봤다. 선생님 설명이나 책에 나온 해설을 읽지 않고도 소설 이해하기가 가능했다. 희곡과 시나리오도 몇 편 읽었는데 장면 구분이 명확해서인지 소설보다 훨씬 쉬웠다. 단기간에 내 생애 가장 많은 소설을 읽었다. 나는 엄마에게 소설책을 사달라고 부탁했는데, 내 부탁을 들은 엄마는 아들이 안 하던 공부를 하느라 이상하게 된 줄 알고 걱정을 하셨다.

"이상해지지 않았어. 엄마! 나 정상이야."

엄마는 처음에는 걱정을 하더니, 그 다음에는 소설을 사줘도 안 읽을 거라며 의심을 하셨다. 내가 평소에 어떻게 지냈기에 소설책 사달라는 말 한마디 했다고 엄마가 나를 이렇게 대하는지 씁쓸했다. 내가 나름대로 중간의 길, 보통의 길을 간다고 믿었는데, 내가 가던 길이 중간도 보통도 아닌 엉뚱한 길이 아니었는지 새삼 의심이 들었다.

새로 산 소설을 열심히 읽다가 문득 소설 말고 시, 설명문, 논술문, 수필 등은 어떻게 공부해야 하는지 궁금해졌다.

"빨라! 빨라도 너무 빨라! 대단해! 대단해도 너무 대단해! 이렇게 학구열이 치솟다니 진짜 대단해."

한참 내 칭찬을 하던 똑또기는 도서관에서 일단 시집부터 빌려서 읽어보라고 했다. 시라고는 교과서에 나온 것밖에 읽지 않은 내가 시 공부를 하기는 힘드니, 일단 시를 다양하게 접하라고 했다. 나는 시를 공부하는 방법을 알고 싶었지 시집을 별도로 읽고 싶지는 않아서 주저하였더니 똑또기는 단호하게 말했다.

"소설을 많이 읽지 않고 소설을 잘 이해할 수 없듯이, 시를 많이 읽지 않고 시를 이해하기는 어려워."

"시는 재미없는데……."

"아니, 그렇지 않아. 그건 네가 시를 제대로 읽는 법, 시를 공부하는 법을 잘 몰라서 생긴 편견이야. 시는 재미있어. 그러니 일단 시집을 빌려서 시부터 많이 읽어. 익숙하지 않은 걸 잘하는 사람은 거의 없어."

내가 그래도 머뭇거리자 똑또기가 더 강하게 다그쳤다.

"너를 비롯한 대부분의 학생들은 시를 마치 암기과목 공부하듯이 익혀. 선생님과 참고서의 해설을 외워버리지. 암기로 시를 공부하면 설명을 들은 시는 이해하지만, 새로운 시를 만나면 여전히 어떻게 시를 읽고 해석하고 감상해야 하는지 막막해. 국어는 암기 과목이 아니야. 암기식으로 국어 공부를 하면 그 순간은 점수가 나와도 길게 보면 결국 점수가 떨어져."

나는 똑또기의 잔소리를 끊기 위해 그러겠다고 하고 도서관으로 시집을 빌리러 갔다.

* * *

생각보다 시집은 몇 권 없었다. 아마 학생들이 거의 보지 않기 때문인 듯했다. 고민 끝에 『시가 내게로 왔다』와 『국어시간에 시 읽기』를 골랐다. 대출을 하러 가려는데 여자애들이 쑥덕거리는 소리가 들렸다. 무시하고 가려다 찐따해 얘기가 나오기에 책장 뒤로 몸을 숨기고 수다에 귀를 기울였다.

"진다혜가 원래 찐따해잖아! 이름도 찐따면서 찐따 아닌 척하고 있어. 어유, 재수 없어."

"저번에 성적 조금 올랐다고 잘난 척하는 거 봐. 완전 재수 없어."

"걔 척 봐도 찐따잖아."

"여기저기 나쁜 소문도 들린다며? 하여튼 찐따는 어쩔 수 없다니까."

나는 이를 꽉 깨물었다. 평소 내가 놀리던 찐따해였지만 다른 여자애들이 하는 나쁜 뒷얘기를 들으니 불편했다. 아니 불편함 이상이었다. 뭔가 울컥했다. 그런데 찐따해에 관해 뒷담화를 하는 애들은 평소에 찐따해와 같이 어울려 다니는 찐따해의 친구들이었다. 평소에는 친하게 지내는 척하고 뒤에서는 저런 소리를 하니 불쾌했다. 내가 왜 불쾌함을 느끼는지 모르겠지만 아무튼 기분이 나빴다.

못 들은 척하고 나가려는데 찐따해 목소리가 들렸다. 찐따해는 애들에게 반갑게 인사를 했고, 조금 전까지 찐따해를 욕하던 애들은 아무렇지 않게 서로 웃으며 이야기를 나눴다. 잠시 뒤 찐따해가 가고 내 귀에 들어온 대화는 나를 더욱 충격에 빠뜨렸다.

"찐따는 진짜 찐따야. 우리가 자기 싫어하고 찐따 취급하는 줄도 몰라요."

"진짜 멍청해! 그러니 나보통이 6학년 때부터 찐따해라며 놀렸지."

몸이 부들부들 떨렸다. 심장을 바늘로 쿡쿡 찌르는 듯한 통증도 느껴졌다. 나는 시집을 대출한 뒤 서둘러 도서관을 나왔지만, 너무 우울했다. 울적한 기분을 풀기 위해 시집을 폈다. 「갈치장수」란 시가 눈에 띄었다. 피식 웃음이 나오는 시였다. 다음으로 읽은 「성암산에서」도 재미있었다. 교과서에서 보는 시와 달리 쉬웠다. 다음 쪽을 넘기려는데 무언가 툭 부딪쳤다.

"똑바로 보고 다녀!"

찐따해였다.

"아, 미안!"

나는 몸을 피해 그냥 지나치려고 했지만, 찐따해는 씩씩거리며 날 노려보았다. 분노에 찬 시선을 피하며 시집에 눈을 돌렸다. 시를 읽으려고 해도 시가 눈에 들어오지 않았다. 『자전거 도둑』의 수남이 내 양심에 호소하는 듯했다. 『자전거 도둑』의 주제인 '현대인들의 부도덕함과 양심을 저버린 태도'가 지나가려는 내 발길을 붙잡았다. 주인 영감의 똥 빛과 내 과거, 서울 뒷골목의 쓰레기더미와 내 양심이 뒤엉켰다.

"야, 찐… 아니 진다혜. 할 말 있어."

나는 용기를 내서 최대한 차분하게 말을 걸었다.

"너랑 말 섞기 싫거든."

칼바람이 불어왔다. 『자전거 도둑』의 주인 영감 말에 실려오던 회오리 바람보다 다혜의 기세가 더 매서웠다. 난 살짝 짜증났지만 꾹 참았다.

"나도 싫은데 전할 말이 있어서 그럴 뿐이야. 아까 도서실에서……"

"됐어. 그만해."

다혜는 서슬퍼런 기운으로 내 말을 잘랐다.

"듣기 싫어도 들어. 도서실에서……"

그때 다혜가 고함을 버럭 지르며 내 말을 지워버렸다.

"네가 하려는 말 다 아니까 그만하라고! 다 너 때문이잖아."

다혜는 신경질을 내며 두 손으로 날 확 밀었다. 엉겁결에 당한 나는 뒤로 밀려났고, 머리를 콘크리트 벽에 세게 부딪쳤다. 너무 아파서 아프단 말도 입 밖으로 나오지 않았다. 나는 순간적으로 멍했고 정신이 아득함을 느꼈다. 다혜 얼굴이 냥냥이처럼 보였다.

그나저나 툭 하면 정신을 잃으니 이게 웬 수난시대냐. 공부하면 안 되는 내가 마음잡고 공부하려고 해서 이런 벌이 내려지는 건가? 진짜 싫다.

운율과 심상을 마음에 심어주는 '낭송'

"괜찮냐?"

똑또기다.

"너 같으면 괜찮겠냐? 하긴 너야 부딪칠 머리가 없으니."

"풋! 그것도 농담이라고. 말대꾸를 해주고 싶지만 불쌍해서 참는다. 그나저나 시집에 실린 시를 읽으니 어때?"

나는 복도에서 읽었던 시 두 편을 떠올렸다.

"학교에서 배우던 시와 달리 쉬웠어. 재미있기도 했고. 그렇지만 그런 시는 흔하지 않을 거야. 학교에서 배우는 시는 너무 어렵고, 재미없어."

"어떤 분야든 모두 재미있지는 않으니 네 의견에 나도 동의해. 아무튼 시를 끔찍이 싫어하던 나보통이 재미있는 시를 발견했다니 큰 발전이네."

에피소드 16

★ 나모태의 시 암송법

나모태가 시를 읽는다. 소리 내어 읽는다. 리듬을 살리면서 읽는다. 한 편을 여러 번 반복해서 읽기도 하고, 가끔은 눈을 감고 시를 외우기도 한다. 교과서에 있는 시는 완전히 외웠는지 보지도 않고 읊는다.

아파트 베란다에서 밖을 보며 시를 암송하기도 하고, 아파트 정원의 나무들을 보며 시를 암송하기도 하고, 지나가는 자동차를 보며 시를 암송하기도 한다. 시도 때도 없이 시를 암송한다. 나모태는 시를 늘 가까이 한다. 아니 시 암송을 가까이 한다.

"정말 많이 읽고, 많이 외우는구나. 희한한 애야."

"희한하다고? 넌 교과서 낭독이 국어 공부의 출발점이라는 사실을 벌써 잊었어? 특히 시는 낭송이 가장 중요해."

"알아, 안다고. 희한하단 말 취소!"

그나저나 '낭독'이란 말을 나두고 왜 '낭송'이라고 하는 걸까? 하는 의문이 들어 질문을 던졌다.

"뜻은 비슷한데 낭독보다 낭송이 음악적인 느낌을 더 강조하는 편이야."

"음악적인 느낌을 더 강하게 넣는다고 뭐가 달라지냐?"

내 말을 들은 똑또기가 혀를 찼다.

"운율이라고 들어봤냐?"

운율? 물론 들어는 봤다. 근데 운율이 뭐지?

"시의 가장 큰 특징이 바로 운율과 심상이야."

"심상이라면……."

분명 시 공부할 때마다 봤는데 막상 무슨 뜻인지 말하려고 하니 떠오르지 않는다. 내 수준이 이 정도였다니 내가 봐도 한심했다.

"다섯 가지 감각을 활용해 떠올린 이미지를 심상이라고 해. 마음에 상이 맺힌다는 뜻이지."

"아! 오감상상력 재생기! 그러니까 오감상상력 재생기를 동원해 시를 읽고 마음에 이미지를 생생하게 떠올리기 위해 시를 소리 내어 읽으라는 말이구나."

똑또기가 몸을 앞뒤로 움직였다. 내 말이 맞다는 신호다.

"물론 심상을 떠올리기 위해 낭송을 하지만, 가장 중요한 이유는 운율을 느끼기 위해서야. 운율이란 시에서 풍기는 리듬감이야. 시에 담긴 리듬을 느끼려면 묵독보다는 음악적 분위기를 살리며 낭송하는 편이 더 낫지."

똑또기가 나에게 낭송을 하라고 권했다. 나는 마음에 든 시 한 편을 골라 낭송했다.

한숨 자고

고구마 하나 깎아 먹고

한숨 자고

무 하나 더 깎아 먹고

더 먹을 게 없어지면

겨울밤은 하얗게 깊었지

<안도현 '그 겨울밤'>

낭송을 하고 보니 눈으로 읽을 때보다 맛이 생생했다. 잘은 모르겠지만 어떤
특별한 리듬이 살아 움직이는 느낌이 들기도 했다.

"읽고 나니 어때?"

똑또기가 물었다.

"리듬이 뭔지 감이 와. '한숨 자고', '깎아 먹고', '고구마 하나 − 무 하나', 이
렇게 뭔가 규칙적이면서도 살짝 변하는 느낌이 들어."

나는 「그 겨울밤」에 담긴 리듬을 느끼기 위해 여러 번 낭송했다. 몇 번 읽다
보니 보지 않고 외울 정도가 되었다. 완전히 외우고 보니 처음보다 더 리듬감이
크게 다가왔고, 운율이 뭔지 알 것 같았다.

"그런데 교과서에 나오지도 않는 시를 이렇게 외워서 어디다 쓰냐? 시험에
나오지도 않을 텐데."

쯧쯧쯧.

똑또기가 날 한심하게 보며 또 혀를 찼다. 책이 나를 비웃는 소리를 들은 적 있는가? 아마 나밖에 없을 텐데, 사람이 비웃을 때보다 더 기분이 나쁘다.

"나모태는 시를 암송하며 시를 즐기는 중이야. 평상시 시를 암송하며 즐기기 때문에 시를 느끼는 힘이 강하고, 당연히 국어 공부에 도움이 되지. 또한 나모태는 시를 학교 국어 공부를 위해서만 암송하지 않아. 암송을 하며 시를 즐기는 거야. 평상시 생활 속에서 시를 암송을 하며 정서를 아름답게 하고 생활을 풍성하게 하는 거지."

시를 암송하며 정서를 아름답게 하고, 생활을 풍성하게 한다고? 시 암송이? 똑또기 설명이 무슨 말인지는 알겠는데 중학생이 그런 식으로 시를 즐기다니 뭔가 어색했다.

"나모태가 어색한 게 아니라, 시를 시험 공부를 위해서만 읽고 암기 과목처럼 대하는 대다수 학생들과 선생님들이 문제 아닐까? 소설을 시험 공부를 위해서만 읽지 않듯이 시도 평상시에 즐겨야지."

나는 똑또기의 의견에 동의할 수밖에 없었다. 따지고 보면 학교에서 공부를 하는 이유는 원래 시험을 보기 위해서가 아닌데, 지금 학생들은 시험을 보기 위한 공부만 하고 있다. 모름지기 공부란 살면서 써먹기 위함이니 시도 삶을 풍성하게 하는 데 써야 맞다. 나는 늘 보통의 길을 주장했는데, 시를 대하는 자세도 그릇된 걸 보니 내가 가려던 보통의 길이 진짜 보통의 길이었는지 또 한 번 의심이 들었다.

시를 이해하는 핵심 코드, 상징어 vs 일상어

다음 과정을 익히려는데 똑또기가 내게 바짝 다가왔다.

"너 도서관에서 뭘 들은 거냐? 뭘 들었기에 다혜가 그 난리를 친 거야?"

똑또기에게 도서관에서 여자애들이 나눈 이야기를 그대로 전했다.

"진짜 심각하군."

"도대체 친구끼리 왜 그러는지 모르겠어. 싫으면 친구 안 하면 되잖아. 그냥 멀리하면 끝나는데, 눈앞에서는 괜찮은 척하고, 뒤에서는 나쁜 얘기를 옮기고, 은근히 괴롭히고. 괜찮다는 말이 괜찮은 건지, 안 괜찮은 건지도 모르겠고. 친구가 친구라는 말로 쓰이는지 원수인데 친구라고 하는 건지도 모르겠어. 여자애들이 쓰는 언어는 남자랑 다른가 봐."

"여자의 언어와 남자의 언어가 다르다! 훌륭한 깨달음이야. 바로 그게 시를 이해하는 핵심 열쇠지."

"심각한 얘기하는데 그게 무슨 뚱딴지같은 소리냐?"

나는 짜증이 나서 똑또기를 쏘아붙였다.

"심각한 상황인 거 알아. 그리고 네가 책임져야 할 일인 것도."

책임이란 말의 무게가 내 양심을 무겁게 파고들었다.

"너의 잘못은 네가 책임지고 해결해야 하고, 나는 내 책임을 다해야지. 난 너에게 국어 공부비법을 익히게 하고, 그것을 바탕으로 다른 과목 공부도 잘할 수 있는 토대를 만들라는 명령을 받고 여기 왔어."

명령을 받았다? 도대체 누구에게? 나는 예전부터 궁금했던 걸 물어보려고 했다. 그리고 내가 정신을 잃는 순간마다 나타나는 냥냥이의 정체가 뭔지도 궁금했다. 그러나 똑또기는 내게 질문할 기회를 주지 않았다.

"여자애들이 쓰는 언어와 남자애들이 쓰는 언어는 겉은 똑같아도 속뜻은 다른 경우가 많아. 시의 언어와 일상 언어도 마찬가지여서 겉은 같아도 속뜻은 다른 경우가 많지. 그 차이를 제대로 알면 아주 어려운 시도 아주 쉬운 시로 바뀌지."

"그래서 시를 이해하는 핵심 열쇠라고 했구나."

"맞아. 시 언어는 상징어이므로, 상징어를 일상 언어로 바꾸는 능력이야말로 시를 이해하는 핵심 열쇠지."

에피소드 17

★ 나모태, 시를 읽다

나모태가 시를 읽는다.

··· (앞부분 생략) ···

풀벌레들의 작은 귀를 생각한다

내 귀에는 들리지 않는 소리들이 드나드는

그 까맣고 좁은 통로들을 생각한다

그 통로의 끝에 두근거리며 매달린

여린 마음들을 생각한다

발뒤꿈치처럼 두꺼운 내 귀에 부딪쳤다가

되돌아간 소리들을 생각한다

둘째 마당. 갈래별 공부법

99

브라운관이 뿜어 낸 현란한 빛이

내 눈과 귀를 두껍게 채우는 동안

그 울음소리들은 수없이 나에게 왔다가

너무 단단한 벽에 놀라 되돌아갔을 것이다

··· (뒷부분 생략) ···

<김기택, 「풀벌레들의 작은 귀를 생각함」 중에서>

　　시를 읽는 동시에 상상의 세계가 펼쳐진다. '풀벌레들의 작은 귀', '그 까맣고 좁은 통로'가 영상으로 나타난다. 무언가 느낌이 색다르다. '두근거리며 매달린 여린 마음들'에서 잠시 멈춘다. 마음이 두근거리는 거야 알겠는데 '매달렸다'는 언어가 낯설다. 여린 마음이 통로에 매달린 상상을 한다. 여리고 여린 마음이 풀벌레들의 작은 귀에 매달려 있는 상상을 하니 살짝 이해가 된다.

　　소리가 '발뒤꿈치처럼 두꺼운 내 귀'에 부딪치는 장면을 상상한다. 발뒤꿈치처럼 두껍다는 표현에 귀가 변신을 한다. '브라운관이 뿜어낸 현란한 빛'에 TV 영상이 화면을 가득 채운다. 화려한 화면과 시끄러운 전자음에 풀벌레들의 울음소리가 내 귀에 들어오지 못하고 되돌아간다. '단단한 벽'이 귀를 막으니 풀벌레의 작은 소리는 힘없이 돌아선다.

　　TV가 켜진 거실에 꽉 찬 전자소음과 조용한 적막이 흐르는 풍경을 파고드는 작은 풀벌레 울음이 묘한 대조를 이룬다. 한쪽은 시끄럽고 한쪽은 고즈넉하다. 두 풍경이 생생하게 떠오르자 느낌이 온다. 시인이 시를 통해 전하려는 메시지가 가슴으로 다가온다.

"오감상상력 재생기가 대단한 위력을 발휘하는구나."

나는 진심으로 감탄했다.

"시도 하나의 이야기야. 그런데 보통 이야기와 달리 감각적인 표현이 굉장히 많지. 또한 운율에 담아서 글을 압축했어. 감각적인 표현, 압축적인 표현 때문에 시를 이해하기가 힘들지. 나모태처럼 시를 영상으로 바꿔서 생생하게 떠올리면 시인이 쓴 언어가 일상 언어로 바뀌고, 시인이 말하는 바를 정확히 이해하게 돼."

조금 전에 읽었던 「그 겨울밤」이란 시가 떠올랐다. 나모태처럼 오감상상력 재생기를 통해 오감이 살아 움직이는 영상으로 바꿔보기로 했다.

한숨 자고
고구마 하나 깎아 먹고

한숨 자고
무 하나 더 깎아 먹고

더 먹을 게 없어지면
겨울밤은 하얗게 깊었지

시골 할머니 댁 겨울밤에 따뜻한 이불 속에서 잠을 자는 옛날 사람을 떠올렸다. 시골이 주는 정겨운 풍경이 주위를 감쌌다. 배가 고파 일어나 고구마를 깎아 먹고 만족감에 다시 잠을 잤다. 무 하나를 다시 깎아 먹고 배부름을 느끼고 다시 잠을 잤다. 그러다 먹을 게 떨어졌는데, 밖은 하얀 눈이 내린다. 아름다운 밤이다. 지금 같으면 간식으로도 고구마와 무를 잘 안 먹겠지만, 아마 옛날에는 식사 대신 고구마나 무를 먹었겠지. 간식 먹고 늘어지게 잠을 자고, 어두운 밤을 밝히는 하얀 눈이 정겹다.

"시의 맛이 이런 거구나. 처음 알았어."

"시는 감각적인 언어, 상징적인 언어야. 이 시에서 말하는 고구마와 무는 그냥 고구마와 무로 볼 수도 있지만, 전혀 다른 의미로 다가오기도 해."

"동감! 생각해보니 그건 꼭 시에서만 그런 건 아니야. 일상에서도 상징어를 많이 쓰니까."

나는 여러 가지 상징어를 떠올려봤다. '발이 넓다'는 진짜 발이 넓다는 뜻이 아니라 인맥이 넓다는 뜻이다. 발이 인맥을 상징한다. '빵만으로 살 수 없다'에서 빵은 진짜 빵이라기보다 음식 전체를 상징한다. 직적접인 뜻이 아니라 상징어로 쓰는 단어가 정말 많았다.

"상징어 중에서 사람들이 받아들여서 흔하게 사용하면 그게 관용어가 되는 거야. 시인은 보통 사람들이 상징어로 쓰지 않는 단어를 찾아내서 시어로 사용해. 우리는 시를 읽으며 새로운 상징어를 발견하고, 그 즐거움을 누리지."

시에 담긴 표현법이 재미있다! 정말?

"나모태가 읽던 시, 영상으로 바꿔놓고 보니 묘한 대조를 이뤄서 이해하기 쉬웠어. '발뒤꿈치처럼 두꺼운 내 귀'란 표현도 재미있고, '풀벌레들의 작은 귀'와 짝을 이루는 느낌도 들어."

내가 받았던 느낌을 전하자 똑또기가 가는 손을 길게 늘리더니 내 등을 토닥였다.

"기특하네. 가르치지 않아도 스스로 터득하는구나."

역시 칭찬은 기쁘다.

"또 다른 재미난 표현은 없어?"

"재미난 표현? 음, '통로의 끝에 두근거리며 매달린 여린 마음'이 재미나긴 해. 여린 마음이 어떻게 통로 끝에 두근거리며 매달린다는 건지 조금 웃겨."

나는 작은 열매 통로 끝에 대롱대롱 매달린 풍경을 떠올리며 피식 웃었다.

"그와 비슷한 표현은 또 없니?"

"비슷한 표현? 가만, 응 여기. '울음소리들은 ～ 너무 단단한 벽에 놀라 되돌아갔다'도 비슷한데……. 가만 이거 무슨 표현법이라고 배웠는데, 뭐였지?"

적당한 표현법을 찾기 위해 애를 썼지만 도저히 떠오르지 않았다. 내가 머리를 쥐어짜는 걸 가만히 지켜보던 똑또기가 툭 내뱉듯 힌트를 던졌다.

"사람이 아닌 걸 사람처럼 표현했어."

"사람? 사람법인가?"

"사람법? 하하하! 허이고, 배 찢어지겠다. 하하하!"

나는 똑또기 배가 찢어지면 어찌될까 상상하며 음흉하게 웃었다. 내 음흉함을 눈치챈 똑또기가 얼른 자기 배를 가리더니 웃음을 삼켰다.

"의인법, 사람이 아닌데 사람처럼 두근거리고, 매달리고, 놀라고, 되돌아가잖아. 그러니 의인법이지."

아! 의인법! 외워야지.

"지금 그거 외워봐야 별 소용없어. 나중에 또 비슷한 표현이 나와도 넌 또 모를 거야. 이걸 어떻게 익혀야 하는지는 나중에 공부하기로 하자. 지금 중요한 건 이 표현법이 지닌 느낌이야. 의인법을 쓰지 않고 표현했을 경우와 의인법을 써서 표현했을 때의 차이를 견줘봐. 그 차이를 느끼는 것이 핵심이야."

일단 '그 울음소리들은 수없이 나에게 왔다가 너무 단단한 벽에 놀라 되돌아갔을 것이다'를 바꿔보기로 했다. 그런데 쉽지 않았다. 한참 고민한 뒤에야 겨우 바꿀 수 있었다.

나는 그 울음소리들이 숱하게 들렸지만 귀 기울여 듣지 않았다.

원래의 문장과 견줘봤다.

그 울음소리들은 수없이 나에게 왔다가 너무 단단한 벽에 놀라 되돌아갔을 것이다.

"견줘보니 어때?"

"진짜 다르네. 단단한 벽에 놀라 되돌아갔다는 표현이 훨씬 생생하고, 재미나. 이래서 표현법을 쓰는구나."

"그리고 방금 네가 바꾼 그게 바로 상징어를 일상 언어로 바꾼 것이기도 해."

'풀벌레가 우는 소리를 제대로 귀 기울여 듣지 않았다'는 표현을 시인은 '울음소리들은 수없이 나에게 왔다가 단단한 벽에 놀라 되돌아갔다'고 표현했다. 시인은 일상 언어를 시어로 바꾸었다. 그리고 나는 시인이 사용한 시어를 읽고 원래 전하고자 했던 뜻을 읽어냈다. 상징어를 일상 언어로 바꾸기, 시를 이해하는 핵심이었다. 상징어를 일상 언어로 바꾸고 보니 상징어의 맛도 알겠고, 시가 말하는 바도 쉽게 다가왔다.

"그러고 보니 이 시도 재미나."

한숨 자고
고구마 하나 깎아 먹고

한숨 자고
무 하나 더 깎아 먹고

"서로 비슷한 구절을 반복했어. 각 행의 앞부분과 끝부분이 똑같아. 이게 뭐였더라? 반복했으니까 반복법?"

"반복법이라고 봐도 되고, 엇비슷한 구절을 서로 같은 곳에서 반복했으므로 대구법이기도 하지. 거듭 말하지만 어떤 표현법인지 이름 붙이는 것은 중요하지 않아. 일상에서 우리가 잘 쓰지 않는 표현법을 사용해서 거두는 효과의 맛을 느끼는 것이 중요해."

시인이 말하는 주제를 곱씹어보자

에피소드 18

★ 주제 또 주제

또다시 주제다. 나모태는 또다시 주제를 붙들고 고민한다. 소설을 읽었을 때와 마찬가지다. 주제를 여러 번 쓰고 읽고 난 뒤에 그 뜻을 음미한다. 자기 경험을 떠올리고, 시 곳곳에 담긴 표현이나 구성이 주제와 어떤 관련을 맺는지 분석한다. 나도 덩달아 시의 주제와 내 삶을 연결한다. 부끄러움과 부족함이 물밀듯이 찾아든다.

시 공부 마지막엔 또 주제다. '인간 생활의 각박함에서 벗어나 자연에 귀를 기울여야 한다'는 주제가 날 붙잡았다. 『자전거 도둑』의 주제, 「풀벌레들의 작은 귀를 생각함」의 주제를 한참 생각했다. 그게 어떤 의미일까? 주제란 글에서 어떤 위치일까? 그 주제들과 내 삶은 어떤 관련이 있을까?

평소에 공부를 할 때 글의 주제는 그저 암기 대상일 뿐이었다. 그런데 나모태는 끊임없이 주제를 되새기고 고민했다. 문장으로 몇 번이나 쓰고 주제가 말하는 바를 자기 삶과 연결해서 되새겼다. 저렇게까지 하는 이유가 뭘까? 삶을 바꾸기 위해? 풍성하게 하기 위해? 삶을 풍성하게 하는 수단으로 국어 공부를 한단 말인가? 정말 그렇다면 진짜 놀라웠다. 왜냐하면 잘 모르는 내가 봐도 삶을 풍성하게 하는 국어 공부가 진짜 국어 공부이기 때문이다.

내 삶에 지금 필요한 주제는 무엇일까 생각했다. '두꺼운 내 귀에 부딪쳤다가 돌아간 주제'들이 얼마나 많을까 생각했다. 시가 주는 울림에 귀를 기울였다. 생각에 생각을 거듭하다 눈을 떴다.

＊ ＊ ＊

또다시 보건실이었다. 이러다 아주 보건실 단골손님이 되는 건 아닌지 모르겠다. 진다혜가 내 옆에 앉아서 꾸벅꾸벅 졸고 있었다. 힘들어 보였다. 내 가슴에는 노트와 필기구가 놓여 있었다. 똑또기가 놔둔 게 분명했다. 나는 조용히 배운 것을 기록했다.

시 언어를 일상 언어로 바꾸며 시를 읽어라

시는 시험 보기 위한 공부가 아니다. 특히 일반 학생들은 시 공부를 마치 암기과
목처럼 하는데 잘못된 방식이다. 인생을 즐기고 풍요롭게 하는 수단으로 시를 이
용한다. 시는 재미나고 즐겁다. 시를 즐겁고 재미나게 익히기 위해 다음 네 가지
방법을 사용한다.

첫째, 시를 자주 낭송하고 마음이 끌리는 시는 암송한다.

시를 낭송하고 암송하며 시에 담긴 운율의 맛을 느끼고, 시를 통해 정서를 함양한다.

둘째, 시를 읽을 때 오감상상력 재생기를 적극 활용하여 시 언어를 일상 언어로 바꾼다.

시어는 감각적인 표현이 많고, 일상 언어가 아니라 상징적인 언어를 많이 사용한다. 따
라서 시를 제대로 감상하려면 감각을 생생하게 재생하고, 상징어를 일상 언어로 전환
해야 한다. 시 언어를 일상 언어로 바꾸면 시를 쉽게 이해한다.

셋째, 시에 쓰인 표현법들의 재미를 즐긴다.

무슨 표현법인지 이름 붙이고 암기하기 전에 표현법의 맛을 느낀다. 표현법을 사용하지 않을 때와 견줘보며 표현법이 어떤 효과를 발휘하는지 느낀다.

넷째, 시의 주제를 깊이 사색한다.

주제와 내 삶을 연결하고, 주제가 시의 표현·구성 등과 어떻게 관련을 맺는지 탐구한다.

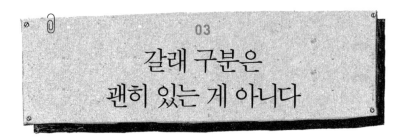

03

갈래 구분은
괜히 있는 게 아니다

"어떻게 됐냐?"

집으로 걸어가는데 똑또기가 자꾸 겨드랑이 틈새에서 꿈틀댔다.

"뭔 일 있는지 다 알잖아?"

"에이, 보건실에 없었는데 내가 어떻게 아냐? 그리고 이제 네 속마음 되도록 들여다보지 않기로 했잖아. 뭔 일 있었는지 궁금해, 궁금해! 난 궁금하면 못 참는다고."

나는 조금 전에 보건실에서 다혜랑 나눴던 대화를 떠올렸다.

"처음엔 무조건 잘못했다고 싹싹 빌었어."

"자존심 강한 나보통이? 헐, 말도 안 돼? 이러다 내일 해가 서쪽에서 뜨면 어떻게 하지?"

잘못했다는 말은 죽어도 하기 싫다. 엄마에게 야단맞을 때도 잘못했다는 말은 안 하려고 그냥 다시는 안 그러겠다고 하면서 넘어가 버리는 게 내가 할 수 있는 마지막 선이었다. 그런 내가 다혜 앞에서 무릎은 꿇지 않았지만 온 마음으로 무릎을 꿇으며 용서를 빌었으니, 내가 봐도 내가 조금 이상하게 느껴진다.

"하기 싫었어. 그런데 자꾸 『자전거 도둑』의 수남이 떠오르고, '발뒤꿈치처럼 두꺼운 내 귀에 부딪쳤다가 되돌아간 소리들을 생각한다'는 시구가 날 떠미는 거야. 그냥 넘어가기에는 양심이 허락하지 않았어. 그래서 자존심은 일단 접어두고 다혜에게 사과를 했지."

"화아~~! 정말 놀라워, 진짜 완전 상상 그 이상의 발전이다! 국어 공부와 삶을 제대로 연결하는구나. 공부와 삶을 연결하는 태도야말로 올바른 학습태도지. 그런데 다혜가 바로 사과를 받아주든?"

물론 처음에는 사과를 받기는커녕 도리어 화를 더 크게 냈다. 6학년 때부터 나로 인해 당한 괴로움이 한두 가지가 아니었고, 내가 한 잘못으로 인해 지금 겪는 괴로움도 찾아왔으니 바로 나를 용서하지 못하는 것은 당연했다. 나는 아무리 다혜가 날 증오하는 말을 내뱉어도 흘려보내고 잘못을 빌었다.

"그러다 울었어. 다혜가 펑펑 울면서 내 사과를 받아줬어. 그런데 자기는 어떻게 해야 하냐고 묻더라. 지금 자신을 괴롭히는 친구들은 어떻게 해야 하냐고."

"그래서 넌 뭐라고 했어."

"내가 해결해주겠다고 했지."

"네가? 어떻게?"

"몰라. 이제 고민해봐야지."

"대책 없군."

나도 답답하다. 상대가 남자라면 어렵지 않지만 여자들 사이에서 벌어지는 문제니 도대체 어떤 방법을 써야 할지 막막했다. 아무튼 난 도와주기로 했다. 내 잘못을 되돌리려면 찐따혜를 진다혜로 되돌려놓아야 한다.

나는 골똘히 방법을 찾으며 아파트 현관 입구에 도착했다. 엘리베이터 버튼을 누르고도 여전히 이런저런 방법을 떠올리며 고민하고 있는데, 문이 열리는 소리가 들렸다. 나는 무심결에 앞으로 나갔다.

그런데 뭐가 갑자기 확 튀어나오더니 나와 여지없이 부딪쳤다. 뭔지 모르지만 사정없이 내 이마를 강타했고, 내 몸은 또다시 휘청거리면서 머리는 검은 회오리 속으로 빠져들었다. 검은 회오리 속에 냥냥이가 스쳐 지나갔다. 내가 마음 잡고 공부를 하려고 하는데 왜 이렇게 방해꾼들이 많은지…….

생활글과 수필, 남의 경험을 통해 배움을 얻는다

에피소드 19

★ 나보통, 소설을 체험하다

낡은 한옥이 쭉 늘어선 골목이다. 현대식 간판이나 건물은 보이지 않는다. 골목은 꾸불꾸불 담을 돌아 흘러가며 한 집도 빼놓지 않고 발을 걸쳐 놓는다. 한옥 집 대문 앞에 목발을 옆에 놓고 한 여자 아이가 앉아 있다. 다리가 불편해 보인다. 방석을 깔고 물끄러미 골목으로 시선을 내밀고 있다. 골목길 곳곳에서 아이들이 하나둘씩 쏟아져 나오더니 골목이 아이들로 가득하다.

'아! 이건 장영희의 『괜찮아』란 글에서 본 풍경인데…….'

이런 생각을 내가 떠올리는 순간 쑤우욱~~! 미지의 힘이 나를 끌어당기더니 골목에 던져 넣는다. 나는 아이들 틈에 섞인다. 몸은 초등학교 저학년 시절로 되돌아간 상태다. 잠시 어리둥절하던 나는 머뭇거리다 아이들 틈에 낀다. 넓은 골목을 놔두고 아이들은 굳이 영희가 앉아 있는 대문 앞에서 논다.

"이거 우리 신발주머니랑 책가방이야. 꼭 맡아줘!"

"응."

"고마워! 네가 있어서 우리가 마음 편하게 놀아."

영희는 밝게 웃는다. 아이들은 영희에게 가방과 신발주머니를 맡겨놓고 신나게 논다. 잠시 뒤 고무줄놀이를 하려고 하는데 아이들이 다시 영희에게 간다.

"우리 고무줄놀이 할 건데 네가 심판을 맡아줘. 네가 공정하게 잘 보잖아. 우리끼리 심판을 정하면 다투거든."

아이들이 영희에게 역할을 맡긴다. 영희는 눈을 부릅뜨고 심판을 본다. 다툼이 생겨도 영희가 한마디 하면 바로 해결이 된다. 내 눈에 영희를 배려하는 아이들의 따스함이 크게 다가온다.

내 몸이 골목에서 빠져 나온 뒤에도 나는 골목에서 벌어지는 풍경에서 눈을 뗄 수 없었다. 나와 너무나 다른, 그리고 요즘 학생들과 너무나 다른 골목 아이들을 보며 정말 부끄러웠다. 창피함에 얼굴을 들지 못했다.

다리를 저는 친구를 위해 베풀었던 골목아이들의 따스한 배려 덕분에 영희는 세상을 '괜찮은 곳'으로 받아들였고, 소아마비의 아픔을 딛고 열심히 공부해서 교수가 되었다. 그리고 자신과 같은 아픔과 부족함을 안고 사는 사람들에게 따스한 글을 많이 전해주었다.

예전에 잔혹한 살인사건을 저지른 범인이 힘겨운 어린 시절에 누군가 자신을 따스하게 한 번만 대해주었다면 이렇게 잔인한 범죄자가 되지 않았을 거라면서 원망과 후회가 뒤섞인 말을 하는 걸 뉴스에서 본 적이 있다. 장영희와 그 범죄자 얼굴, 골목아이들과 다혜를 놀렸던 내 얼굴이 겹치면서 나는 한없는 부끄러움에 몸이 벌레처럼 작아지는 기분이 들었다.

"네가 아무 말 하지 않아도 알아."

무언가 말하려는 똑또기 입을 막으며 내가 말을 꺼냈다.

"나는 시험을 보기 위해 수필이나 생활글을 읽었어. 나와 전혀 상관없는 글이었지. 솔직히 너를 만나고 나서 교과서를 열심히 읽을 때도 많이 읽으면 시험을 잘 본다고 하니 읽었을 뿐이야. 수필이나 생활글을 보면서 배움을 얻는다는 생각은 눈곱만큼도 하지 않았어."

깊이 숨을 들이마셨지만, 날 작아지게 만드는 창피한 느낌이 가시지 않았다.

"생활글이나 수필은 남의 경험 속에서 배움이나 감동을 얻는 마음으로 읽고 공부해야겠어. 장영희 선생님이 '괜찮아'란 말의 의미를 이렇게 따스하게 해석하는 이유를 알겠어. 나도 '괜찮아'란 말에 담긴 따스함에 동의해. 그리고……."

나는 그 다음에 하려던 말을 집어삼켰다. 다혜를 위해 내가 해야 할 일이 무엇인지 깨달았고, 어떻게 해야 할지 계획이 섰기 때문이다. 골목아이들처럼 해야 한다. 내 친구들을 동원해서 다혜를 배려해야 한다. 골목아이들이 영희를 배려하듯이, 그렇게 따스하고 적절하게 해야 한다. 불쌍한 사람에게 동정심을 베풀듯이 배려하는 것이 아니라 자연스런 친구로 지낼 수 있도록 해야 한다.

나는 이 말을 일부러 하지 않았다. 말이 아니라 실천이 필요한 결심이기 때문이다. 실천보다 말을 앞세웠는데, 이번에는 반드시 실천을 앞세우리라 결심했기에 일부러 말하지 않았다. 말이 아니라 몸으로 보여주리라 단단히 결심했다.

설명문, 글쓴이가 전하려는 지식을 습득한다

에피소드 20

★ 대학생이 된 나보통

"오늘은 하회탈에 대해 설명하겠어요. 하회탈은 특유의 미소로 유명해요. 한국의 미소로 하회탈을 꼽기도 하지요."

여긴 어디지? 분명 수업을 하는 곳이긴 한데 분위기가 낯설다. 고등학교도 아니다.

"거기 나보통 학생! 멍하니 쳐다보지 말고 집중해서 들어요."

나는 정신을 바짝 차린다.

"하회탈은 하회 별신굿 탈놀이에 쓰는 탈이에요. 하회 별신굿은 안동 하회의 별신굿 속에 들어있는 탈놀이입니다. 탈놀이는 산대놀이와 서낭제 탈놀이로 나뉘는데 산대놀이로는 봉산 탈춤, 양주 별산대 놀이, 고성 오광대 등이 있고, 서낭제 탈놀이로는 강릉 관노 가면극과 하회 별신굿 탈놀이가 있어요."

설명을 듣는데 정신이 없다. 주위를 보니 한참 나이들이 많아 보인다.

"어허! 나보통 학생! 뭔 생각하는가?"

"아닙니다. 선생님."

나는 얼떨결에 대답했는데 주위 학생들이 모두 킥킥대며 웃는다.

"선생님? 나보통 학생은 아직도 자신이 고등학생인 줄 아나? 교수님이라고 부르게."

나는 크게 당황하며 어쩔 줄 모른다.

"자, 어디 나보통 학생에게 묻겠네. 우리나라 탈놀이가 크게 두 가지가 있다고 했지. 그 두 가지가 뭔가?"

나는 뭐라 대답할지 몰라 멍하니 교수님만 바라본다. 옆에서 대학생들이 소곤거리며 답을 알려주지만 소리가 작아서 귀에 들어오지 않는다.

"산대…랑… 음… 사냥제… 아닌가요?"

"사냥제? 그럼 하회 별신굿이 사냥제니 사냥을 하면서 추는 춤인가?"

"네! 그런가 봅니다."

나는 씩씩하게 대답한다. 내 대답이 끝나자마자 주위에서 웃음이 터져 나오고 난리가 난다. 나는 그때서야 틀린 줄 알고 얼굴을 붉히며 고개를 숙인다.

"수업을 똑바로 듣게. 설명문은 정보와 지식을 전달하는 데 목적이 있네. 그러니 설명문을 제대로 공부하려면 설명문이 전달하는 정보와 지식에 초점을 맞춰야 하네. 시험을 보기 위해서가 아니라 설명문에 담긴 정보와 지식을 내 것으로 만들겠다는 마음으로 읽어야지."

교수님은 강의인데도 설명문 공부법에 대해 장황하게 설명한다. 나는 지금 이게 무슨 상황인지 잠시 헷갈렸지만 교수님 말씀을 새겨듣는다.

"하회 별신굿은 아홉 마당으로 구성되어 있어요. 각시의 무동 마당, 주지 마당, 백정 마당, 할미 마당, 파계승 마당, 양반과 선비 마당, 환자 마당, 혼례 마당, 신방 마당이죠. 각 마당 별 내용은 다음과 같아요."

나는 설명 내용을 꼼꼼히 기록하며 열심히 듣는다. 새로운 지식을 익히겠다고 단단히 결심하고 들으니 기억이 잘된다.

"하회 별신굿에서는 인간의 욕망과 갈등을 다루고, 허위와 잘못된 권위를 조롱하는 내용이 많아요. 파계승 마당에서 출가한 중이 각시에게 반해서 노는 장면, 초랭이가 양반과 선비를 놀려 먹는 장면 등에서는 잘못된 권위를 조롱하며 비판하고 있어요."

나는 교수님 얼굴을 똑바로 보며 열심히 적는다. 나는 똑또기에게 배운 대로 삼색 펜과 형광펜, 포스트잇을 사용해 꼼꼼히 기록한다.

"나보통 학생! 수업 잘 듣고 있나요?"

"네. 교수… 님."

나는 당당하게 답한다. 이제 어떤 질문을 받아도 대답할 자신이 있다. 나는 교수님이 질문을 던져주기를 은근히 기다린다.

"그럼 제가 지금까지 설명을 하면서 사용한 설명 방법이 무엇인지 대답해 보세요."

"네? 설…명…방법…이라니."

나는 의외의 질문에 당황한다. 지식을 물을 줄 알았는데 설명 방법을 물으니 뭐라고 답을 하지 못한다.

"설명문을 공부할 때는 두 가지에 주목해야 해요. 첫 번째는 설명문이 전달하는 지식과 정보예요. 두 번째는 설명을 하는 형식, 즉 지식과 정보를 전달하는 방법이에요. 이 두 가지가 설명문을 공부하는 핵심입니다. 아시겠어요, 나보통 학생?"

"네."

대답이 기어들어간다.

"처음에 우리나라 탈놀이 종류를 분류해서 설명했어요. 그 다음엔 하회 별신굿을 구성하는 하위 요소들이 무엇인지 분석을 했고, 마지막으로 하회 별신굿이 잘못된 권위를 비판하는 내용이 많다는 점을 예시를 통해 설명을 했어요. 분류, 분석, 예시! 나보통 학생 이게 뭔지는 알지요?"

나는 선뜻 답변하지 못한다. 예시는 알겠는데 분류와 분석이 정확히 어떻게 다른지 확신이 안 선다.

"알아요? 몰라요?"

교수님은 계속 나를 몰아붙이고 나는 몸이 점점 작아짐을 느낀다. 몸이 점점, 점점 줄어들더니 나는 강의실에서 없어진다.

"야! 이거 네가 만든 상황이지? 어휴, 쪽팔려서 죽는 줄 알았잖아."

나는 강의실에서 당했던 창피를 떠올리며 똑또기에게 분통을 터트렸다.

"어휴, 그러다 또 찢는다는 협박 나오겠네. 화만 내지 말고 설명문 공부의 핵심이 무엇인지 떠올려봐."

"그건 충분히 배웠어. 첫째, 설명문이 전달하는 지식과 정보를 새롭게 익히는 마음으로 설명문을 읽는다. 둘째, 설명을 하는 형식, 즉 지식과 정보를 전달하는 방법이 무엇인지 확인하며 읽는다."

"잘 아네."

"배우긴 잘 배웠는데, 또다시 이런 식으로 날 곤란하게 하면 가만 안 둬!"

나는 진심으로 협박을 했다. 똑또기는 잠시 난감한 표정을 짓더니 표정을 바꿔 진지하게 설명을 했다.

"설명문의 내용은 지식과 정보고, 전달하는 형식에는 예시, 분류, 분석, 대조, 인용, 열거 등 다양한 방법이 있어."

"내용과 형식을 파악하란 말이구나. 그런데 어떤 글이든 내용과 형식을 파악해야 하지 않아?"

"당연하지. 그래서 갈래별 특징을 염두에 둬야 하는 거야. 너는 선생님이 가르쳐주신 갈래별 특징을 그냥 암기하고 넘어가기만 해. 그런데 네가 무시한 갈래별 특징이야 말로 진짜 중요하지."

그러고 보니 지금까지 소설, 시, 수필, 설명문 공부법은 전부 하나로 통했다. 갈래의 특징을 정확히 이해하고, 그 특징을 살리는 공부법이었다.

"국어 이론을 괜히 배우는 게 아니야. 다 이유가 있어. 물론 별 필요 없는 이론도 있지만, 갈래별 특징은 정말 필요한 이론이야. 갈래별 특징에 맞게 공부하면 갈래 정복의 길이 열리지."

논리적인 글, 논리의 내용과 형식에 주목한다

똑또기 설명을 곱씹다가 논리적인 글(논술문, 비평글)도 같은 방식으로 공부하면 될 것 같은 생각이 들었다.

"논리적인 글도 내용과 형식에 따라 공부하면 되겠구나. 논리적인 글은 주장을 전달하는 글이니까, 내용은 주장과 근거고, 형식은 논리를 전개하는 방법이야. 그러니까 논리적인 글을 읽을 때는 주장과 근거가 무엇인지 확인하며 읽어야 해. 당연히 시험에도 그게 나오겠지. 또한 형식은 근거를 제시하는 방법이니까……."

나는 거기서 멈칫했다. 솔직히 말해 논리적으로 글을 전개하는 방법, 그러니까 근거를 제시하는 방법이 무엇이 있는지 전혀 아는 게 없었기 때문이다. 조금 전 강의실 상황에서 교수님이 설명 방법을 물었지만 나는 아무런 답변도 못했다. 그저 교수님이 분류, 예시, 분석이라고 하니 그런가보다 하며 받아 적고, 외웠을 뿐이다. 새로운 글을 만나면 여전히 글에 어떤 논리적인 방법을 사용했는지 찾아내지도 못하고, 제대로 답변하지 못할 것이다.

갑자기 각종 표현법, 설명 방법, 논리 전개 방법을 모르는 내가 실망스럽고, 어떻게 익혀야 하는지 몰라 답답했다. 이미 두 번이나 시험을 봤지만 그때마다 표현법은 그냥 외워서 풀었을 뿐 제대로 알고 푼 게 아니었다. 해당 글을 볼 때는 알겠는데, 낯선 글을 만나면 혼자 힘으로 해내지 못한다. 어떻게 해야 표현법을 확실히 익힐까? 어떻게 해야 국어 이론을 정확하게 습득 할 수 있을까?

알고 싶은 욕구가 급격히 치솟았고, 그로 인해 속이 울렁거리기까지 했다. 울렁증이 심해지자 머리가 깨질 듯이 아팠다.

* * *

눈을 떠보니 침대였다. 익숙한 냄새, 익숙한 풍경, 내방이었다.

"어떻게 된 일이냐?"

눈 위 1m 거리에서 날 내려다보는 똑또기에게 물었다.

"너희 반 조희빈이란 애랑 부딪쳤어. 걔는 정신도 안 잃고 멀쩡하게 집에 갔고, 너만 정신을 잃어서 경비실 아저씨가 업고 올라왔어."

나는 조희빈이란 이름에 입을 앙다물었다. 희빈이는 도서관에서 다혜에 관한 험담을 가장 많이 했던 애였다. 딱 보기에도 다혜를 괴롭히는 주범이 바로 희빈이었다.

국어 이론을 배워야겠다는 열망이 가득했지만 일단 뒤로 미루었다. 지금 내 앞에 당장 놓인 과제는 다혜를 다시 친구들과 자연스럽게 어울리게 해주는 것이기 때문이다. 나는 장영희 선생님의 『괜찮아』에 등장하는 골목 아이들을 계속 떠올렸다. 그 어린 아이들이 다리가 불편한 아이를 따스하게 배려하는 착한 성품에 감탄했다. 왜 나는 그 동안 그런 성품을 도덕책에 가둬두고만 살았을까?

배려와 같은 착한 성품을 도덕책에 가둬놓고 시험 볼 때만 꺼내 쓰는 일회용품으로 취급하면 안 된다. 도덕을 배우는 이유는 바르게 살기 위함이다. 나는 어쩌면 중간의 길을 걷는다는 핑계를 대며 바르게 살기를 피하고 있던 건 아니었을까?

배운 대로 행하지 않으면 제대로 된 배움이 아니다. 이것을 사자성어로 뭐라고 하더라? 지해… 뭐였는데……?

"무식하긴, 지행일치(知行一致), 지행합일(知行合一)!"

"야, 나도 안다고, 잠깐 생각이 안 났을 뿐이야."

에이, 자존심 상해. 고사성어 열심히 공부해서 저 잘난 척하는 똑또기의 콧대를 납작하게 만들고 말겠어.

참! 내가 지금 이럴 때가 아니지. 난 다혜를 친구들과 자연스럽게 어울리게 해주는 과제를 수행해야 한다.

"야! 네가 결심한 과제를 실행하기 전에, 조금 전에 배운 내용을 정리하는 과제부터 수행해."

글에 담긴 내용과 글을 담은 형식을 파악하라

⋮

수필, 설명문, 논술문 등 갈래별 글을 공부할 때는 갈래별 특징을 염두에 둔다. 갈래별 특징은 그냥 암기하고 시험 문제 한두 개 풀 때만 유용한 것이 아니다. 갈래별 특징은 갈래별 글을 공부하는 방향과 방법을 일러준다.

수필

수필은 일상에서 겪은 소소한 감동이나 생활 속에서 깨달은 깊은 뜻을 전하는 글이다. 따라서 수필을 읽을 때는 글쓴이가 전하려는 감동과 의미를 깊이 느끼고, 그것을 내 경험에 비춰 받아들이는 자세로 공부해야 한다. 글에 담긴 감동과 의미를 파악할 때는 소설과 마찬가지로 오감상상력 재생기를 활용하고, 의미와 감동을 설명한 부분에서는 글쓴이가 전하려는 핵심 주제에 주목한다.

설명문

설명문은 지식과 정보를 전달하는 글이므로 글을 읽으며 새로운 지식을 습득하는 마음으로 대한다. 시험을 보기 위해서가 아니라 글이 전하는 지식과 정보를 배우겠다는 각오가 중요하다. 또한 설명을 하는 형식도 중요하다. 지식과 정보를 효율적으로 전달하기 위해 글쓴이가 사용한 형식을 정확히 이해해야 설명하는 정보와 지식을 더 정확하게 습득한다. 실제 시험은 내용과 형식, 이 두 가지를 묻는 질문이 거의 전부다.

논술문

논리적인 글도 설명문과 공부 형식은 동일하다. 논리적인 글은 주장을 전달하는 글이므로 주장과 근거가 무엇인지 파악한다. 또한 주장과 근거를 풀어가는 형식이 무엇인지 이해한다. 설명문과 마찬가지로 시험은 내용과 형식을 묻는 문제가 나온다.

04

국어 이론과 문법,
수능 국어 시험에서도 발목을 잡는다

　나는 일단 다혜가 내 친구들과 자연스럽게 어울릴 수 있도록 다양한 상황을 만들었다. 나랑 친하게 지내는 친구들도 처음에는 나를 이상하게 봤지만 내가 장난치고, 농담을 던지며 어울리자 얼마 지나지 않아 다혜를 자연스럽게 대했다. 내 친구들끼리는 다혜를 늘 '찐따해'로 불렀는데 그 호칭도 전부 '다혜'로 바꾸게 했다. 어쩌다 찐따해로 부르는 친구가 있으면 내가 무섭게 화를 냈기에 친구들 사이에서 찐따해란 호칭은 금방 사라졌다.

　다혜를 반 아이들과 어울리도록 만들려면 내 친구들만으로는 부족했다. 정말(!) 하기 싫었지만 나모태를 찾아가 부탁을 했다. 나모태가 공부를 너무 잘해서 재수 없긴 하지만, 그래도 의리는 있기 때문에 내 제안을 받아들일 거라 믿었다.

　"흠, 좋아! 그런 일이라면 적극 도울게."

내 설명을 듣자마자 나모태는 한 치의 망설임도 없이 동의했다. 나모태가 너무나 흔쾌히 동의해서 기뻤지만, 한편으로는 조금도 망설이지 않아서 아쉽기도 했다. 이럴 때 조금 미적거리는 태도를 보이면 '공부는 잘하지만 성품은 그렇게 착하지 않군!' 하며 속으로 나모태를 무시하고, 내가 더 낫다고 잘난 척할 수 있다. 얄밉게도 나모태는 내가 그런 허황된 자부심에 빠질 기회조차 주지 않았다.

물론 나모태가 내 뜻에 따라주어서 정말 고마웠고, 실제로 큰 도움이 되었다. 나모태는 친구가 많았고, 특히 여자애들과도 잘 지냈기 때문이다. 나모태가 적극 나서자 다혜가 친구들과 섞이는 건 빠르게 진행되었다. 나모태는 억지스럽게 행동하지 않았다. 너무나 자연스럽게 다혜를 대했고, 나모태를 좋아하는 여자애들과 어울리게 만들었다. 때론 능청스럽게, 때론 웃음으로, 때론 따뜻하게 다혜를 대하고 친구들과 어울리는 나모태의 능력은 훌륭했다. 정말 질투가 날 정도로!

아무튼 다혜는 빠르게 반 아이들 사이로 녹아들었다. 물론 모든 일이 순조롭지는 않았다. 왜냐하면 가슴 아픈 일이지만 내 친구였던('친구였던'이라고 쓸 수밖에 없는 현실이 슬프다.) 하권팔이 전혀 동참하지 않았기 때문이다. 중학생이 되어 서로 다른 길을 걷고 있기는 하지만, 초등학교 내내 속마음을 나누며 별의별 장난을 함께 했던 절친한 친구 하권팔이었기에 내가 부탁하면 나모태 못지않게 적극적으로 나서주리라 기대했다. 그러나 기대는 큰 실망으로 바뀌었다.

"그런 쓸데없는 일에 신경 쓸 시간 있으면 영어 단어 하나 더 외우고, 수학 문제 하나 더 풀겠다. 넌 언제까지 그러고 살 거냐?"

하권팔의 말에선 손톱만한 정도 느껴지지 않았다. 하권팔에게는 성적이 전부였다. 나는 너무나 실망스러워 하권팔에게 따지고 들었다.

"넌 학교 시험에 이런 똑같은 상황에서 어떻게 할 거냐는 문제가 나오면 도와주겠다고 답변할 거잖아?"

나는 회심의 일격을 날렸다고 믿었다. 이런 말을 하면 시험을 중요하게 여기는 하권팔이 움찔해서 소극적으로나마 나와 함께 행동하리라 믿었다. 그러나 예상은 보기 좋게 빗나갔다.

"물론 시험문제 답은 그렇게 하겠지. 하지만 그건 시험이니까 그럴 뿐이야."

너무 화가 난 나는 따지고 들려고 했지만 하지 못했다. 그 다음 하권팔의 말이 더 충격이어서 입을 다물고 말았다.

"넌 지금 나에게서 수학 문제 두 개를 풀 시간을 빼앗았어. 이거 오늘까지 해야 할 학원 숙제야. 안 해가면 큰일 나. 그러니 내 인생 그만 방해하고 저리 가줄래?"

하권팔은 나를 밀치고 자기 인생이 걸렸다는 수학 문제를 푸는 데 열중했다. 나는 그런 하권팔을 물끄러미 바라봤다. 진짜 미웠지만 한편으로는 저렇게 사는 하권팔이 참 불쌍했다. 나는 나도 모르게 올라오는 연민을 잽싸게 지워버리고 하권팔에 대한 기대를 접었다. 게다가 가슴 아프지만 내 친구 목록에서 하권팔을 삭제하고 말았다. 자기밖에 모르는 하권팔은 더 이상 내 친구가 아니다.

내 의도대로 다혜는 정말 빠르게 친구들을 사귀었다. 다혜는 더 이상 예전에 억지로 함께 다니던 친구들에게 신경쓰지 않았다. 얼굴도 몰라보게 환해졌다. 그러나 문제가 다 풀렸다고 안심하는 순간 다혜를 왕따시키고 괴롭히던 4명의 친구들이 반격에 나섰다.

다혜가 원만한 관계를 회복하자 이 4명의 못된 친구들은 노골적으로 여자애들에게 나쁜 말을 돌렸다. 없는 소문을 만들어냈고, 다혜랑 어울리면 왕따를 시켜버리겠다는 협박도 서슴지 않았다. 남자애들은 별 문제가 없었지만 여자애들이 마구 흔들리면서 그동안 쌓았던 노력이 순식간에 무너져 버릴 위기에 처하고 말았다. 다혜는 아무래도 여학생이다 보니 여학생들과 친하게 지내야 하기 때문이다.

나는 고심 끝에 초희에게 도움을 요청했다. 창피함을 무릅쓰고 초등학교 때 다혜를 놀리던 일까지 전부 털어놓으며, 내가 왜 반성을 했는지, 그리고 지금까지 어떤 노력을 기울였는지 전부 이야기했다. 초희는 내 이야기를 듣고 놀라는 표정이 역력했다. 특히 왜 돕는지를 말하며 장영희 선생님이 쓴 『괜찮아』에 나오는 골목 아이들을 보며 부끄러웠다는 말을 할 때는 감탄하며 내 눈을 너무 뚫어지게 쳐다봐서 내가 시선을 돌려야 했다.

"네가 부탁하지 않아도 나도 희빈이네 애들이 마음에 안 들어서 어떻게 할까 생각하고 있었어. 그나저나 지금 내 눈앞에 있는 나보통이 내가 아는 나보통이 정말 맞는 거니? 너 정말 많이 변했구나!"

초희의 칭찬을 듣고 너무 기뻐 입이 찢어질 듯해서 두 손으로 양 입술 끝을 꾹 눌러야 했다. 그 뒤 초희는 약속을 지켰다. 초희가 여자애들 사이에서 어떻게 행동했는지, 어떤 말을 했는지는 잘 모른다. 하지만 초희와 이야기를 나누고 얼마 지나지 않아 여자애들 분위기가 바뀌었다. 심지어 똘똘 뭉쳐 다니며 다혜를 괴롭히고, 다른 여자애들을 협박하던 여자애들도 바뀌었다. 딱 한 사람, 희빈이만 빼고.

희빈이와 다혜는 다른 친구 셋과 함께 처음에는 잘 어울리는 사이였다. 그러다 무슨 일인지 모르지만 희빈이가 다혜에 대한 험담을 하였고, 다른 친구 셋이 동조하면서 다혜는 그 무리에서 왕따가 되었다. 다혜는 자신이 왕따 당하는 걸 알면서도 6학년 때와 같은 전체 왕따로 몰리기 싫어서 모른 척하며 억지로 다녔지만, 상황은 더 나빠졌고 대부분 아이들이 기피하는 대상이 되었다. 겉으로는 친한 사이로 보였지만 실제로는 완전히 왕따를 당하고 있었는데, 나는 그런 상황을 뒤늦게 안 것이다.

나의 노력과 친구들의 배려로 다혜는 친구들 사이에 다시 녹아들 수 있었다. 그런데 문제는 희빈이었다. 다혜가 왕따에서 벗어나자 이번에는 희빈이가 왕따로 몰리는 분위기가 생겨났다. 사실 이 문제는 친구들 탓이라기보다 희빈이 스스로 자초한 일이었다. 희빈이는 다혜가 많은 친구들과 잘 어울리는 상황을 받아들이지 못했고, 다혜를 향한 노골적인 질투와 시기의 감정을 드러냈다. 그러다 다른 친구들과 마찰을 빚었고, 결국 순식간에 전체 왕따가 되어버렸다. 아무도 희빈이를 왕따로 만들려 하지 않았지만, 희빈이는 스스로 고립되고 말았다.

나는 희빈이까지 신경 쓰고 싶지는 않았다. 무엇보다 그동안 미뤄두었던 궁금증, 즉 국어 이론과 문법을 어떻게 공부해야 하는지 알고 싶은 학구열이 불타올랐기 때문이다.

* * *

"그러니까, 정말 자발적으로 뒤로 넘어지겠다 이거지?"

언제 나타났는지 냥냥이가 내 침대 위에 앉아서 고개를 오른쪽으로 살짝 기울이고 있었다. 내가 고양이 눈빛을 잘 모르긴 하지만 분명 잔뜩 기대하는 눈빛이다.

"몇 번 말해야 알아들어! 이제 이상한 방식으로 부딪치고, 넘어져서 정신 잃는 거 싫어. 나는 강제가 아니라 내 스스로 할 거야. 그러니까 뒤에서 잘 받쳐주기나 해."

"그건 걱정 마!"

나는 더 이상 머뭇거리지 않았다. 더 이상 지체했다가 결심이 약해질까 걱정됐기 때문이다. 꼿꼿이 선 채로 뒤로 넘어지려니 무서웠다. 차라리 놀이기구를 타는 게 낫겠다 싶었다. 심호흡을 몇 번 했다.

냐옹!

냥냥이의 나직한 소리가 내게 실행할 용기를 주었다. 나는 두 눈을 꽉 감음과 동시에 그대로 뒤로 넘어졌다. 붕~ 뜬 기분이 들었고, 무언가 날 부드럽게 실어가는 느낌이었다. 솜털 구름 위로 넘어지면 이런 기분일까?

임시방편이냐, 근원적 해결이냐?

에피소드 21

★1학기 시험 공부를 하는 나모태와 나보통

오랜만에 1학기 때 시험 공부하는 시간으로 돌아간다. 나보통이 국어를 공부하는 중이다. 표현법이 나오는데 조금 어렵다. 나보통은 해당하는 글의 표현법이 무엇인지 참고서를 보며 한두 번 외우고는 넘어간다. 모르는 문법이나 이론이 나와도 더 깊이 파고들지 않는다. 그냥 그 부분에 나온 설명만 보고 넘어간다.

나모태도 국어 공부를 하는 중이다. 모르는 표현법이 나온다. 나모태는 해당하는 글의 표현법만 확인하고 넘어가지 않고 자신이 모르는 표현법에 대해 깊이 공부한다. 이것저것 자료를 찾으며 자신이 몰랐던 것을 완전히 채우고 넘어간다.

나보통은 모르는 게 나와도 설렁설렁 넘어가지만 나모태는 모르는 게 나오면 연관된 것을 익힐 때까지 끝없이 파고든다. 나는 지난 시절 나와 나모태를 견주며 한숨을 내쉰다.

"어떤 차인지 알겠니?"

물론 안다. 나도 이미 내가 설렁설렁 하는 습관이 있다는 걸 잘 알고 있고, 그런 습관이 잘못이라는 사실도 안다.

"대다수 학생들은 국어 이론이나 문법을 만나면 그 순간, 해당하는 글에 관해서만 암기하고는 넘어가. 자신이 정말로 아는지를 점검하지 않아."

나도 똑또기의 지적에 전적으로 동의한다. 내가 그랬으니까. 예를 들어 내가 '인과'라는 설명법을 잘 모른다고 치자. 그럴 때 어떤 문장이 '인과'라는 설명법을 쓴 것이라고 하면 '이 문장은 인과라는 설명을 썼다'고만 암기하고 넘어간다. '인과'가 어떤 설명 방법인지는 제대로 모른다. 나중에 인과를 사용한 새로운 문장을 만났을 때 그 문장이 '인과'를 사용했는지를 혼자 힘으로 판단하지 못한다. 다른 표현법이나 문법, 글의 특징 등을 공부할 때도 마찬가지다. 그러니까 나는 모르는 지식을 완전히 습득하지 않고, 그때그때 암기로 부족한 점을 해결하고 넘어갔다.

"솔직히 나모태가 하는 방법이 옳은 줄은 알아. 하지만 시간이 너무 많이 걸려. 모르는 걸 전부 다 파악하면서 공부하면 언제 시험을 준비하냐? 시험 준비 시간은 마냥 길지 않고, 다른 과목 공부도 해야 돼."

나는 애써 반박을 해보았다.

"물론 일시적으로는 네 말이 맞아. 나모태처럼 공부하면 처음에는 시간이 오래 걸리지만, 나중에는 도리어 시간을 아끼는 과정이었다는 걸 알게 될 거야. 국어 이론이나 문법은 중학교뿐 아니라 고등학교 3년 내내 시험에 나와. 심지어 수능 국어 시험에서도 숱하게 나오지. 너처럼 공부하다가는 시험 공부 할 때마다 국어 이론과 문법을 익혀야 해. 나중에는 선생님들이 예전에 배운 건 이미 알고 있다고 간주하고 시험을 내기 때문에 공부를 열심히 해도 성적이 나오지 않는 지경에 이르지."

처음 고생하면 나중에 편하다는 말이다. 엄마가 늘 내게 강조하는 말이기도 하다.

"지금 고생해. 국어 이론이나 문법은 처음에 제대로 익혀놓으면 따로 공부할 필요가 없기 때문에 시간이 갈수록 공부 부담이 줄어들지. 기초를 튼튼히 해놓으면 나중에 공부에 가속도가 붙어."

"지금 고생하고 나중에 편할 거냐? 지금 편하고 나중에 고생할 거냐? 이 말이네. 당연히 지금 고생하고 나중에 편한 게 좋지."

똑또기가 내 말을 살짝 바꿔서 되받았다.

"임시방편이냐, 근원적 해결이냐? 공부할 때는 근원적인 해결을 추구해야지. 그리고 대충 하는 것보다 깊이 해보면 공부하는 재미가 더 커."

공부가 재미있다? 글쎄, 쉽게 동의하기는 힘든 말이다. 물론 똑또기와 국어 공부하는 법을 익히면서 나름대로 재미를 찾고 있기는 하지만, 공부는 여전히 내게 부담스럽다.

원리를 담은 문장을 정확히 기억하자

에피소드 22

★나보통과 나모태의 국어 실력

"지금부터 두 사람이 얼마나 제대로 국어 실력을 쌓았는지 확인해보겠습니다."

교실 앞에 똑또기를 닮은 선생님이 서서 말한다. 학생은 나와 나모태 둘 뿐이다.

"나보통! 수미상응이 뭐죠?"

"그러니까 수미상응은 앞이랑 뒤랑 짝짜꿍, 뭐 이런 거 아닌가요?"

"짝짜꿍이라니 정확히 대답하세요."

똑또기 닮은 선생님이 나를 다그친다.

"대충 알아들으셨잖아요. 그 정도만 기억해도 충분해요."

똑또기 닮은 선생님이 계속해서 정확한 답변을 요구하지만 나는 더 이상 답변하지 않고 얼버무린다.

"좋아요. 그럼 나모태! 수미상응이 뭐죠?"

"수미상응이란 시의 처음과 끝에 형태, 의미가 동일하거나 비슷한 구절을 배치하는 시 서술법입니다. 수미상응을 사용하면 시의 처음과 끝이 균형을 이루기 때문에 안정감이 있습니다. 또한 반복하고 맞대응하기에 운율감을 느끼게 해주고, 의미를 강조하는 효과도 있으며, 시를 다 읽고 난 뒤에 독자에게 여운을 안겨줍니다."

나는 나모태가 하는 답변을 듣고 입이 떡 벌어진다. 저걸 도대체 어떻게 다 기억한단 말인가?

"그럼 선경후정이 무엇인가요? 나보통 학생 답해보세요."

"선경후정이란 시 앞부분은 경치를, 뒷부분엔… 뭐더라, 아무튼 그렇게 하는 거요. 대충 보면 알아요. 효과는… 음… 시가 멋있어요."

나는 제대로 답변하려고 애썼지만 이번에도 얼버무리고 만다.

"나모태 학생이 답해보세요."

"선경후정이란 시 앞부분에는 그림 그리듯 풍경을 보여주고, 뒷부분에 시인의 정서를 표현하는 전개 방법입니다. 자연과 인간의 대비 효과, 자연을 통해 인간의 정서와 의미를 그려내는 효과를 발휘합니다. 선경후정은 아주 전형적인 시 구성법 중 하나로 옛날 시에서 많이 등장합니다."

나모태의 또렷한 답변을 들은 나는 기가 죽어서 똑또기를 닮은 선생님을 쳐다보지도 못한다. 또다시 질문이 올까 봐 두렵다.

"자! 다음 질문은……."

"됐습니다. 전 못해요."

나는 소리를 버럭 지르며 일어난다.

"야, 꼭 이런 곤혹스런 상황에 날 몰아넣어야 속이 편하냐? 누가 나모태가 나보다 잘난 거 모른데? 꼭 이렇게 자존심을 상하게 만들어야겠니? 어휴~ 열받아."

내가 워낙 길길이 날뛰었기 때문에 똑또기는 내 눈치를 보며 조심스럽게 말을 꺼냈다.

"널… 놀리려는 의도도, 자존심 상하게 하려는 의도도 아니었어. 다만… 문법과 이론을 공부하는 너와 나모태의 차이를 보여주기 위험이었지."

나는 여전히 분을 삭이지 못한 채 똑또기를 쏘아붙였다.

"나도 알아! 나모태는 모든 이론을 정확하게 기억하지. 이론의 뜻과 효과까지 세세하게 기억해. 그에 반해 나는 그냥 대충 알고 넘어가. 선경후정, 수미상응, 나도 뭔지는 알아. 그런데 설명은 잘 못하겠어. 나모태는 설명까지 완벽하게 잘해. 하지만 뭐야? 내가 제대로 설명 못한다고 모르는 건 아니잖아? 솔직히 시험 볼 때 제대로 풀 자신은 있어."

똑또기는 여전히 조심스러웠다. 내가 정말 화난 걸 알기에 평소답지 않게 내 눈치를 봤다.

"그게 그렇지 않아. 이론을 정확히 모르면 제대로 아는 게 아니야. 반드시 실수하게 마련이지. 수학에서 개념을 정확하게 모르면 문제풀이를 할 때 꼭 실수를 해. 과학에서도 어떤 개념의 정의를 부정확하게 기억하면 문제 풀 때 꼭 틀리게 돼있어."

똑또기 설명을 듣고 보니 맞는 말이었다. 과학, 수학 선생님께서도 똑같은 말씀을 하신 적이 있다. 무작정 문제 풀려고 하지 말고, 원리와 개념, 정의를 정확히 기억하고 정확한 문장으로 말해야 한다고 했다.

"이론을 정확한 용어로 기억하면 문제를 풀 때 정말 큰 도움이 돼. 막연하게 기억하면 시험을 볼 때 헷갈리게 되고, 실수를 하지. 실수를 막으려면, 그리고 이론을 정확히 이해하려면 이론의 뜻과 원리를 정확한 문장으로 기억해야 해.

그게 출발이야. 마치 암기과목을 공부하듯이, 영어 단어 뜻 외우듯이."

이해를 위한 필수조건, 충분한 데이터!

에피소드 23

★ 나모태의 이해를 위한 공부법

"역설법이란 모순되는 표현으로 진실을 드러내는 표현법이네. 그런데 잘 이해가 안 돼. 한두 개는 알겠는데 새로운 표현이 나오면 모르겠어. 역설법이 뭔지 제대로 알려면 여러 사례를 찾아봐야겠어."

이렇게 말하고 난 뒤에 나모태는 역설법에 해당하는 표현을 쭉 나열한다.

- 소리 없는 아우성
- 웃음이 가득한 고통
- 겨울은 강철로 된 무지개
- 찬란한 슬픔의 봄
- 정작으로 고와서 서러워라
- 님은 갔지만 나는 님을 보내지 않았습니다
- 향기로운 님의 말소리에 귀 먹고 꽃다운 님의 얼굴에 눈 멀었습니다
- 날이 밝을수록 어둠이 깊어가는
- 외로움이 눈부시네

⋮

나모태는 수십 개의 역설법을 찾아서 끝없이 적는다. 그러고는 계속 읽고 이론과 견주며 연구한다. 나중에는 자신이 직접 역설법을 사용해서 문장을 만들어내기도 한다. 나모태는 어려운 이론이 나올 때마다 이론을 적용하는 수많은 사례를 모았고, 그것을 바탕으로 이론과 사례를 연결하며 탐구한다.

수십 개, 많을 때는 거의 백 개에 가까운 예문을 쌓아두고 이론을 습득해가는 나모태를 보고 나는 또다시 벌린 입을 다물지 못했다.

나모태를 보고 나니 어려운 문법이나 국어 이론을 어떤 식으로 익혀야 하는지 확실히 알 듯했다. 나모태는 역설법을 정확하게 익히기 위해 거의 50여 개에 달하는 문장을 쌓아두고 이론과 연결해서 탐구했다. '모순되는 표현으로 진실을 드러내는 표현법'이란 역설법의 정의와 수많은 예문을 연결하며 탐구하니 역설법의 실체가 드러났다. 정확한 이론과 정의, 그리고 이론을 적용하는 수많은 데이터, 이 둘을 연결하면서 이론 이해하기! 이 방법이 바로 핵심이었다.

자신감이 너무 넘쳤는지 몸이 하늘로 붕 떠올랐고, 조금 뒤 엉덩이에 익숙한 의자 느낌이 전해졌다. 내 책상, 내 의자였다.

* * *

"배웠으면 실천해야지. 네가 요즘 품사를 어려워했잖아. 지금부터 나모태가 하는 식으로 품사 공부를 해봐."

"지금?"

"그럼 언제 할 건데? 결심을 했으면 지금 해. 나중에 하겠다는 결심치고 제대로 실행하는 경우는 드물어."

내가 제대로 할 수 있을지 살짝 걱정이 되어 머뭇거렸지만, 두 눈 부릅뜨고 재촉하는 똑또기에 밀려 해보기로 했다.

일단 품사의 뜻을 정리하고 암기했다. 품사는 '문법적 성질이 비슷한 단어끼리 분류한 묶음'이다. 품사는 총 9개인데 〈명사, 대명사, 수사, 동사, 형용사, 조사, 관형사, 부사, 감탄사〉다. 명사는 사람이나 사물, 개념의 이름을 나타내고, 대명사는 명사를 대신해서 가리키는 단어다. 수사는 수량이나 순서를 나타내는 단어다. ……

이론을 정확하게 기억하기는 조금 어려웠다. 평소에 하지 않던 습관이기 때문이다. 그래도 예상보다 어렵지는 않고, 여러 번 읽으니 입에도 자연스럽게 붙었다.

이론을 충분히 익힌 뒤에 데이터를 수집했다. 거짓말 안 보태고 명사만 200개 넘게 적었다. 대명사, 수사, 조사를 비롯한 나머지 품사들의 데이터도 수십 개 이상 적었다. 참고서를 찾아보기도 하고, 부족하면 인터넷을 뒤지기도 했다. 정말 엄청나게 많은 데이터를 쌓아놓고 이론과 연결해보았다. 그런 뒤에 이런저런 문장을 써놓고 그 속에서 품사를 찾아서 일일이 표시했다. 적어도 100개가 넘는 문장에서 품사 찾아내기를 반복했다.

다 끝내기까지 정말 오래 걸렸다. 수없이 많은 데이터들을 보느라 눈이 빠질 듯했다. 그러나 효과는 확실했다. 이론을 통해 사례를 이해했고, 엄청나게 많은 사례를 통해 이론이 왜 그렇게 정의되는지 확실히 익혔다.

공부를 마친 뒤 나는 너무나 뿌듯했다. 내가 공부한 흔적이 자랑스러웠다.

똑또기도 날 보며 살짝 웃었다. 책이 어떻게 웃느냐고 의심할지 모르지만, 그건 어러분이 살아 움직이는 책을 보지 않아서다. 책도 확실히 웃는다. 책에는 수백 가지 표정이 있다.

충분한 데이터를 바탕으로 원리를 습득하라

:

국어 이론은 중1부터 고3 수능까지 끈질기게 나온다. 그러니 임시방편으로 눈앞의 문제를 해결하는 식으로 공부하지 말고, 처음 공부할 때 제대로 토대를 쌓아야 한다. 처음에는 시간이 오래 걸려 힘들겠지만 꼼꼼히 공부하면 나중에는 오히려 시간이 절약된다. 국어 이론을 제대로 익혀두지 않으면 수능 국어 시험을 볼 때 어려움을 겪을 가능성이 높다. 국어 이론을 공부하는 방법은 다음 세 가지다.

첫째, 국어 이론을 공부할 때는 먼저 원리나 정의를 정확한 문장으로 기억한다.
수학은 개념에서 출발하고, 과학은 정의에서 출발하듯이 국어 이론은 원리를 규정한 정의에서 출발한다. 그러니 원리를 막연히 기억하지 말고 정확한 문장으로 기억한다. 정확한 이론을 쌓아두어야 문제를 풀 때 헷갈리지 않고, 실수를 막는다.

둘째, 원리와 정의를 문장으로 정확히 기억한 뒤에는 원리를 적용한 데이터를 충분히 모은다.

충분한 데이터를 접하며 익혀야 실전에서 써먹을 수 있는 능력이 생기고, 원리도 더 잘 이해를 한다. 몇 가지 사례로는 원리 이해를 충분히 못한다. 충분한 데이터를 접하면 원리를 자연스럽게 익히게 되고, 낯선 문제를 대해도 스스로의 힘으로 정확히 풀 수 있다.

셋째, 원리와 사례를 연결하며 탐구한다.

수많은 데이터와 원리를 연결하며 원리를 자기만의 방식으로 터득하기 위해 노력한다. 데이터를 통해 원리를 익히다 '아하!' 하는 느낌이 들 때까지 노력한다.

무엇이 부족한지 아는 것이 공부의 시작이다!

셋째
마당

국어 시험 공부법

만점을 위한
효과적인 공부법은
따로 있다

01

모든 국어 시험문제는
학습목표와 주제로 통한다

오늘 아침 학교로 가는데 이대로가 와서 놀라운 사건을 이야기해줬다.

"너 그거 아냐? 다혜가 희빈이랑 화해했대."

"다혜랑 희빈이가? 진짜?"

진짜 이건 전혀 예상하지 못했던 사건이었다.

"글쎄 희빈이가 셀프 왕따로 지냈잖아. 그걸 보다 못한 다혜가 희빈이에게 계속 접근을 했대. 처음에는 희빈이가 계속 다혜를 거부했는데 나중엔 서로 속마음을 터놓고 화해를 했다네."

"어떻게?"

나는 믿을 수가 없었다.

"둘이 원래 절친이었잖아. 그런데 희빈이가 자기에게 없는 다혜의 잘난 면이 너무나 부러워 질투했다는 거야. 그래서 다혜를 왕따시키고 괴롭힌 거지. 다혜는 그런 희빈이 마음을 받아들이고 인정을 했대. 그리고 자신도 희빈이에게 부러운 게 정말 많다는 속마음을 털어놓았다는 거야. 그렇게 서로 부러운 걸 막 나누며 서로 '네가 잘났다'고 추켜세우다 어느 순간 웃음보가 터졌고, 다시 예전처럼 절친한 친구로 지내기로 했다네."

다혜가 희빈이의 질투 어린 마음을 받아주고 용서해주는 모습, 나아가 서로 부러움을 이야기하며 화해하는 과정은 드라마에서나 나올 법한 이야기였다.

'다혜가 의외로 멋진 면이 있구나'

초등학교 6학년 때는 놀리느라 몰랐는데 가만히 생각해보니 다혜에게는 다양한 매력이 있었다. 그러다 나는 다혜에게 은근히 끌리는 내 자신을 발견하고는 화들짝 놀랐다.

'안 돼! 나에게는 초희가 있어'

아침에 교실에 앉자마자 다혜가 다가와서 내게 말을 걸었다. 나는 대로에게 들은 말을 확인하려고 물었고, 다혜는 덤덤하게 대로가 한 말을 확인해줬다. 그런데 이야기를 하는 내내 다혜의 눈빛과 말투가 너무 친절했다. 분명 평소와 다른 느낌이었다.

'도대체 이 느낌이 뭐지?'

나는 대충 짐작하면서도 애써 모른 척했다.

다혜가 자기 자리로 돌아간 뒤 이번엔 초희가 내게 오더니 작은 선물을 하나 줬다.

"이게… 뭐야?"

당황해서 내가 물었다.

"이번 다혜 일, 너무 멋졌어. 고마움의 표시야."

내가 멋지다고? 만약 그 자리가 교실이 아니고 내 방이었다면 나는 침대에서 방방 뛰며 소리를 질렀을 것이다. 미칠 듯이 행복한 기분이 치솟았다. 그러다 골치 아픈 걱정이 찾아왔다.

'이거 이러면 삼각관계?'

다혜는 나를 분명히 좋아하는 것 같았다. 단언컨대 초희도 분명 내게 호감을 느끼기 시작했다. 그럼 나는 누굴 택해야 하지? 초희는 원래부터 좋아했지만, 다혜도 알고 보니 참 괜찮은 아이다. 어휴, 이거 어떻게 선택해야 잘했다고 소문이 날까?

"정신 차려! 이런 네 마음을 가리켜 '떡줄 사람 생각도 않는데 김칫국부터 마신다'고 하는 거야."

똑또기가 즐거운 내 상상을 확 깨버렸다. 나는 말은 못하고 볼펜으로 똑또기를 콕 찌르는 시늉을 했다. 똑또기는 움찔하더니 딴청을 부렸다.

국어 수업이 끝나고 쉬는 시간, 나는 수업이 끝난 뒤 2분 동안 선생님이 가르치신 내용을 되짚었다. 2분이 지나고 교과서를 가방에 넣으려는데 다혜와 희빈이가 즐거운 대화를 나누며 복도로 나가는 뒷모습이 보였다. 흐뭇하게 둘의 뒷모습을 따라가던 내 시선이 하권팔의 뒤통수에 가닿자 급격하게 우울해졌다.

내 친구였던, 하권팔! 요즘 하권팔은 무척 힘들어했다. 눈에 띄게 우울한 분위기를 풍겼으며, 얼굴도 수척해졌다.

"권팔이가 학원에서 성적이 떨어졌대. 며칠 몸이 아프기도 했고. 무척 힘든가 봐. 얼마 전 학원 시험을 망쳐서 최고 반으로 올라가지 못했을 뿐 아니라 2학기 중간고사 성적이 제대로 안 나오면 아랫반으로 내려갈지도 모른대."

얼마 전 우리 반 소식통이자 내 절친 대로에게 들은 소식이다. 무지막지하게 공부만 시키는 학원을 그만두고, 스스로 공부하는 법을 익히라고 하권팔에게 충고하고 싶었지만 그러지 못했다. 받아들이지 않을까 염려되기도 했지만, 무엇보다 지난 번 다혜에 관한 부탁을 냉정하게 거절한 이후로 크게 실망했기 때문이다. 나는 하권팔에 대한 관심을 끄고 싶었다. 그러나 다혜가 희빈이를 품은 이야기가 내내 내 양심을 자극했다. 『괜찮아』에서 영희를 따스하게 돌보던 '골목 아이들'과 순수한 삶을 선택한 『자전거 도둑』의 수남이 날 자꾸 설득했다. 하권팔을 도와줘! 네 친구잖아!

'알아! 안다고. 그런데 도대체 어떻게 해야 하는데?'

난 답답해서 책상을 쾅 쳤다. 이제 시험기간이다. 예전에는 적당히 노력하고 스스로 만족했지만 이제는 욕심이 생겼다. 정말 열심히 하고 싶다. 하권팔을 돕더라도 시험기간은 안 된다. 시험이 끝난 뒤에, 그때 돕자. 어떻게 도와야 할지는 모르지만.

학습목표와 문제의 연결고리 찾기

에피소드 24

★나모태의 메모 1 - 학습목표

8층 아파트 창문 너머로 나모태가 공부하는 모습이 보인다. 창문으로 서서히 다가가는데 똑또기가 주의를 준다.

"지금 여긴 현실이야."

난 흠칫 놀라며 머뭇거린다.

"나모태가 지금 공부하는 중이야. 예민한 사람은 무언가 이상함을 느끼고 우리 존재를 눈치챌 수도 있어. 그러니 조심해. 만약 들통 나면······."

"들통 나면 뭐?"

똑또기는 더 이상 말하지 않는다.

"그건 네가 걱정할 일이 아니야. 아무튼 말하지 말고, 흥분하지 말고, 조심조심 시선만 천천히 움직여."

나와 똑또기는 열린 창문 사이로 들어간다. 방 중간에서 나모태가 국어 시험 공부를 하는 모습을 지켜본다. 나모태는 『자전거 도둑』에 관한 공부를 하는 중이다. 교과서에 써놓은 메모를 확인하면서 내용을 정리 중이다. 특별히 별다를 게 없다. 잠시 뒤 문제집을 푼다. 문제집을 푸는 모습도 별다르지 않다. 그런데 공부하는 도중 자꾸 책상 앞에 써놓은 무언가를 쳐다보고 잠깐씩 사색을 한다. 책상 앞에 메모지 꽂이에 큰 포스트잇 두 개가 붙어 있다. 나모태는 교과서를 볼 때도, 문제를 풀 때도 계속 습관처럼 그 메모를 살폈다.

'저게 뭐지?'

궁금증이 생긴 나는 조심스럽게 메모지에 시선을 집중한다.

왼쪽에 붙은 메모지에는 다음과 같은 글귀가 보인다.

학습목표
『자전거 도둑』
갈등의 진행과 해결 과정을 파악하며 작품을 이해하는 힘을 기른다.

오른 쪽 메모지로 시선을 옮기려는데 나모태가 갑자기 뒤를 돌아본다. 화들짝 놀란 나는 얼른 뒤로 물러선다. 나모태는 주위를 두리번거린다. 똑또기는 내 손을 움켜쥐더니 얼른 창밖으로 끌고 나간다. 주위를 둘러보던 나모태는 다시 공부에 몰두한다.

"도대체 왜?"

내가 묻자,

"위험할까 봐서."

똑또기가 황급히 대답했다.

"그건 알아! 나는 네가 날 끌고 나온 이유를 묻는 게 아니야."

내 진짜 궁금증은 나모태였다.

"도대체 왜 학습목표를 책상 앞에 붙여놓고 공부를 하느냐고? 이유가 뭐야?"

똑또기는 오른손으로 가슴(!)을 살짝 쓸어내리더니 설명을 시작했다.

"학습목표가 뭐지?"

"그야 당연히 그 단원에서 공부를 통해 도달해야 할 목표지."

"그럼, 시험 보는 목적은 뭐지?"

"시험? 시험이야 성적을 내서 1등부터 꼴등까지 줄 세우기를 하려고 보는 거 아닌가?"

"그게 시험을 보는 진짜 목적일까?"

"다른 목적도 있어?"

"물론 요즘은 시험이 1등부터 꼴등까지 줄 세우기 위한 수단이기는 해. 그러나 그건 원래 시험을 보는 목적은 아니야. 시험을 보는 진짜 목적은 학습목표를 달성했는지 확인하는 거야. 학습목표를 제대로 달성했다는 것은 공부를 제대로 했다는 뜻이고, 학습목표를 달성하지 못했다는 것은 공부를 제대로 못했다는 뜻이지. 목표를 달성하면 잘한 것이므로 다음 단계로 넘어가도 되지."

난 무릎을 탁 쳤다.

"그렇구나! 시험은 학습목표를 달성했는지 여부를 확인하기 위함이니, 당연히 시험은 학습목표를 중심으로 나오겠구나. 그러고 보면 교과서 본문 뒤에 나온 수행과제들도 전부 학습목표와 관련이 있네. 이 수행과제들도 시험으로 나올 확률이 높겠다."

지금까지 시험 문제는 '선생님이 마음 끌리는 대로 낸다'고 여기고, 선생님이 중요하다며 표시하라고 한 것이 왜 중요한지 판단해보지도 않았다. 그냥 중요하다니까 표시만 했을 뿐이었다. 시험 문제를 보고도 왜 이걸 시험 문제로 냈는지 따져보지 않았다.

'시험은 학습목표를 이루었는지 확인하기 위해 시행한다'는 설명을 듣고 나니 선생님이 중요하다고 뽑아준 근거, 선생님이 어떤 문제를 내려고 하는지 등을 조금은 알 것 같았다.

"물론 모든 시험문제가 학습목표와 관련을 맺으면서 나오지는 않아. 학습목표와 전혀 상관없는 부분에서도 문제가 나오지. 그러나 그건 비중이 낮거나, 쉬운 문제일 경우가 많아. 중요한 문제, 난이도 높은 문제는 반드시 학습목표와 관련이 있어."

나는 처음으로 공부하는 목표에 대해 생각했다. 무엇을 공부할 때 왜 공부하는지, 어느 수준까지 이르도록 공부해야 하는지를 생각해본 적이 없었다. 공부하는 이유도 모르고, 공부를 통해 도달할 목표도 모르는 학생은 '지도 없이 모르는 곳을 찾는 사람'이나 마찬가지다. 반면에 공부하는 이유를 알고, 공부를 통해 도달할 목표를 알면, 지도를 들고 길을 찾는 사람과 같다. 그리고 보면 학습목표는 단지 시험을 잘 보기 위한 수단이 아니었다. 학습목표는 공부하는 이유와 목표를 알려주는 지도요, 나침반이었다.

"공부를 할 때는 내가 어느 정도 수준까지 이르렀는지 학습목표를 통해 확인하고, 문제와 학습목표가 어떤 식으로 연결되는지도 계속 확인해야 해. 그러면 시험이 어디서 출제되고, 내가 어느 정도 공부를 하고 있는지 명확하게 드러나지. 이제 나모태가 학습목표를 책상 앞에 붙여놓고 시험 공부를 하는 이유를 알겠니?"

당연히 안다. 나모태가 대단한 놈이라는 것도.

주제, 문제 해결의 핵심 열쇠

에피소드 25

★ 나모태의 메모 2 - 주제

다시 방으로 들어간 나는 조금 전에 보지 못했던 메모지에 시선을 집중한다. 혹시 나모태가 눈치를 챌까봐 조심스럽게 시선을 움직인다. 나모태 가까이 접근하니 오른쪽 메모지에 써놓은 글귀가 선명하게 보인다.

주제
『자전거 도둑』
자신이 잘못한 행동을 반성하고, 현대인들의 부도덕함과 양심을 저버린 태도를 비판한다.

이미 완전히 주제를 암기했음에도 나모태는 주제를 끊임없이 본다. 조금이라도 어려운 문제가 나오면 주제를 보고 문제와 연결해서 생각한다. 나모태에게 주제는 문제풀이를 할 때마다 사용하는 핵심 열쇠처럼 보인다.

"주제가 국어 공부의 핵심이라는 것은 대충 눈치챘어."

나는 창문 너머에서 나모태가 문제를 푸는 모습을 바라보며 말했다.

"그러겠지. 넌 주제를 교과서 글에만 가두지 않고 직접 실천하기까지 했으니 주제를 중심으로 한 국어 공부의 핵심을 이미 터득했어. 국어 수업에서 가르치는 수많은 내용들을 주제와 연결하면서 공부하는 법도 어느 정도 익혔어. 다만 아직 시험에 나오는 문제들, 특히 아주 어려운 문제들을 주제와 연결해서 풀면 정답에 접근하기 쉬워진다는 사실을 모를 뿐이야."

나는 『자전거 도둑』에서 배경, 처지, 인물의 성격, 갈등, 사건 등이 주제와 어떤 관련을 맺는지 다시 정리했다. 그리고 학습목표와 어떤 관계를 맺는지도 생각했다. 이것까진 이미 해봤기에 그리 어렵지 않았다. 『자전거 도둑』을 많이 읽고, 많이 생각하고, 많이 분석했기 때문에 오히려 쉬웠다. 다음은 문제풀이다. 이건 실제로 문제풀이를 해봐야 했다.

"문제풀이를 하기 전에 여기 문제집 문제의 질문을 쭉 읽어봐."

나는 똑또기가 보여준 문제집의 질문을 쭉 읽었다.

1. 수남이가 처한 처지로 알맞지 않은 것을 고르시오.
2. 주인 영감에 대한 설명으로 바른 것을 고르시오.

3. 밑줄 친 사건에서 수남이의 심리 변화를 옳게 표현한 것을 고르시오.

4. 다음 사건이 상징하는 바를 서술하시오.

5. 수남이 ㉠과 같이 느끼는 이유로 적절한 것을 고르시오.

6. (나)에 나타난 갈등과 그 갈등을 해결한 방법을 바르게 짝지은 것을 고르시오.

7. (바)에 나타난 신사와 주인 영감의 성격을 바르게 설명한 것을 고르시오.

8. 수남이 내적으로 갈등하는 것이 무엇인지 서술하시오.

9. ㉠과 ㉡의 표현이 상징하는 바가 어떻게 다른지 비교하여 서술하시오.

10. 수남이 형을 추억하며 하는 생각으로 바르지 않은 것을 고르시오.

⋮

나는 지금까지 국어 시험을 여러 번 보고, 문제집을 수도 없이 풀었지만 한 번도 문제의 질문을 쭉 읽어본 적이 없었다. 나는 그저 제시된 문제의 답을 고르는 데 급급했다. 이런 태도는 다른 과목에서도 마찬가지였다. 내가 공부했던 것들 중에서 무엇이, 어떻게 문제로 만들었는지 거의 관심을 기울이지 않았다.

그런데 똑또기 말을 듣고 문제의 질문을 처음부터 끝까지 다 읽어보니 내가 공부한 내용을 어떻게 문제로 만드는지 알 것 같았다. 소설뿐 아니었다. 문법, 시, 수필, 논술문, 설명문에 관한 문제의 질문도 전부 읽어봤는데 그동안 공부했던 핵심적인 것들이 전부 문제로 바뀌어 있었다.

"자! 정리해보자! 학습목표는 공부의 방향이자, 도달해야 할 목표야. 그리고 학습목표는 학생들이 주제를 터득하게 만드는 것이 목적이야. 문법이나 국어 이론을 제외하면, 모든 갈래의 글은 결국 주제를 중심으로 구성되어 있어. 주제를 도드라지게 하기 위해 자기 역할을 하는 거야. 그건 작가가 모든 요소를 주제를 중심으로 배치했기 때문이야. 그러니까 학습목표를 알고, 주제를 이해한 뒤, 주제와 다른 요소의 관계를 체계적으로 이해하면 국어 시험에서 풀지 못할 문제가 없어. 주제와 관련을 맺지 않고 생뚱맞게 나오는 문제는 거의 없어."

설명은 알아들었지만 실제로도 그런지는 확인해봐야 했기 때문에 나는 직접 해보기로 했다. 문제집에 나온 문제를 계속 풀면서 풀 때마다 주제를 확인하고 연결해봤다. 해답이 주제와 직접 관련을 맺기도 했지만, 아닌 것도 많았다. 그렇지만 직접 관계를 맺지 않았다 해도 한 단계만 건너면 다 연결되었다. 주제와 연결된 '성격'을 떠올리면 답이 보였고, 주제와 연결된 '근거'를 떠올리면 답이 보였다. 한 문제 풀 때마다 글 전체에서 그 문제가 차지하는 위치와 의미가 확연히 다가왔다.

"주제를 중심으로 문제를 풀라는 말이 무슨 뜻인지 알겠어. 나는 지금까지 문제를 풀 때 그 문제에만 시선을 고정시켰어. 부분만 본 거지. 그런데 주제를 중심에 두고 문제를 보니까 내가 푸는 문제가 글 전체에서 어떤 위치에 있는지, 글 전체의 핵심과 어떤 관련이 있는지 보여. 그걸 깨우치니까 내가 공부한 것들이 완전히 하나로 연결되어 체계가 잡히는 느낌이야."

똑또기는 빙그레 웃더니 내게 질문을 했다.

"그럼 구체적으로 한 번 설명해볼래."

"음, 예를 들면 『자전거 도둑』에서는 등장인물의 성격이나 심리를 묻는 문제가 많아. 그런데 이런 성격이나 심리를 묻는 질문은 '현대인들의 부도덕함과 양심을 저버리는 태도를 비판' 하는 주제와 연결되고, 수남의 갈등과 심리 변화는 수남이 '자신의 잘못을 반성한다'는 주제와 연결돼. 이 소설에서는 수남이만 자신의 잘못을 반성하는 걸로 나오지만 작가는 현대인들 전체가 부도덕함과 비양심적인 행동을 반성해야 한다는 말을 하고 싶었을 거야. 이점을 이해하면 『자전거 도둑』에 관한 시험문제는 풀지 못할 게 없지."

내 설명이 끝나자 똑또기가 내게 열광적인 박수를 보냈다. 난 씩 웃으며 오른쪽 손가락으로 V를 만들었다.

"소설뿐만 아니라 논술문, 설명문, 수필, 희곡, 시나리오, 비평글 등 다양한 갈래별 문제도 전부 동일해. 학습목표, 주제와 어떤 관계를 맺는지 확인하면서 문제를 풀면 문제를 개별적으로 이해하지 않고, 전체 속에서 이해하게 되지. 문제를 전체적으로 보고 이해해야 훨씬 시험 문제를 잘 풀 수 있어."

국어 교과서와 문제집을 꼼꼼하게 견줘보니, 선생님이 가르치신 내용이 어떻게 문제로 바뀌는지 보였다. 예전에는 도대체 뭐가 시험에 나올지, 어떤 게 중요한지 전혀 구분하지 못했는데 이제는 어떤 게 중요하고, 시험에 나올 만한 것들이 무엇인지 짐작이 갔다. 문제집과 교과서를 번갈아보며 시험 예상문제를 뽑아내는 날 보며 스스로 놀랐다. 내가 이렇게 변하다니!

에피소드 26

★학원에 지친 하권팔

하권팔이 한밤중에 학원에서 나온다. 힘들어하는 기색이 역력하다. 고개도 푹 숙이고 있다. 엄마가 하권팔을 태운다. 집에 도착한 하권팔은 제대로 씻지도 못하고 학원 숙제를 한다. 힘들어하는 하권팔을 지켜보기가 괴롭다.

일부러 똑또기에게 부탁해서 하권팔이 어떻게 지내는지 직접 보았는데, 괜히 보았다는 후회가 밀려들었다. 밤늦게 끝나서가 아니다. 그거야 원래부터 알고 있었으니 별로 충격을 받지 않았다. 문제는 표정이었다. 피곤에 지쳐 어둠이 드리운 얼굴빛을 보니 가슴이 아팠다. 자전거를 훔친 뒤 수남에게서 보일 듯한 '누런 똥 빛' 같은 그 얼굴이었다. 도와주고 싶지만 도와줄 방법이 없으니 더 괴로웠다.

"당장 해결하기 어려우니 차분히 해결책을 찾아보자."

똑또기가 내 어깨를 두드렸다.

"지금 넌 집중해야 할 일이 있잖아. 거기에 최선을 다해. 지금은 그것밖에 할 게 없어."

맞다. 걱정하고 고민해봐야 소용이 없다. 난 지금 내 앞에 놓인 과제에 집중해야 한다.

학습목표와 주제를 중심으로 문제를 풀어라

공부를 통해 달성해야 할 목표가 학습목표다. 학습목표는 공부를 통해 도달해야 할 수준이며, 선생님들이 시험을 통해 확인하고자 하는 핵심이다. 따라서 학습목표를 중심으로 공부하면 공부를 하는 진짜 목적을 달성하게 되고, 시험이 어디에서 출제되는지 예상할 수도 있다. 주제는 글을 통해 작가가 독자에게 전하고자 하는 핵심 생각이다. 글에 나타난 모든 구성 요소는 주제를 도드라지게 하기 위해 존재한다. 주제를 중심에 두고 여러 구성 요소들의 관계를 파악한 뒤, 시험 공부를 할 때 늘 주제와 문제의 연결고리를 찾아본다.

첫째. 시험 공부를 할 때 학습목표와 주제를 눈앞에 써놓고 늘 확인한다.

내가 공부하는 내용, 내가 푸는 문제가 학습목표와 어떻게 연결되는지, 주제와 어떤 관계인지 염두에 두면서 공부한다.

둘째. 문제집 문제의 질문을 처음부터 끝까지 쭉 읽는다.

질문이 내가 공부한 것과 어떻게 연결되는지, 어떤 문제들이 출제되는지 확인한다. 특히 문제가 주제, 학습목표와 어떤 식으로 관계를 맺는지 확인한다.

셋째. 객관식 정답을 고르고, 서술형 답안을 작성할 때마다 주제, 학습목표와 관련성을 따져본다.

문법이나 이론을 제외한 거의 모든 문제는 직간접적으로 주제와 연결되어 있다. 따라서 주제와 어떤 연결고리인지를 파악하면 문제가 글 전체에서 어떤 위치에 있는지 보인다. 부분적으로만 파고드는 공부보다 전체적으로 접근하는 공부가 훨씬 효과가 좋다.

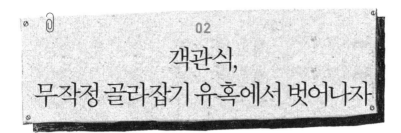

02

객관식,
무작정 골라잡기 유혹에서 벗어나자

"이거 마셔. 피로할 때 좋은 거래."

얼핏 보기에도 비싸 보이는 건강식품 음료였다.

"이거 비싼 거잖아. 너 용돈 많나 보네."

"내가 산 거 아냐. 공부하느라 힘든 너를 위해 우리 엄마가 사주셨어."

다혜 엄마가 나를 챙기다니 조금 의외였다. 하긴 뭐, 다혜가 처한 어려움을 해결하는 데 내가 큰 기여를 했으니 그럴 만도 하다. 하지만 내가 예전에 한 짓이 있는데 이렇게 잘해주시니 왠지 받으면 안 될 칭찬을 받는 기분이었다.

"물론 내가 옆에서 졸랐지만. 잘했지?"

다혜는 '잘했지'에 얇은 코맹맹이 소리를 집어넣었다. 그 순간 다혜가 귀여워서 하마터면 나도 '잘했다'고 코맹맹이 소리로 맞장구칠 뻔했다. 이러다 혹~! 정이 깊어지는 건 아닌지 조금 걱정도 되고, 좋기도 했다. 어휴, 사나이 사랑이 왜 이렇게 갈대처럼 흔들리는 건지…….

1교시는 과학 시간이었다. 나는 국어 공부법에서 배운 걸 응용했다. 과목이 다르긴 했지만 선생님 말씀에 집중하고, 중요 사항을 정리하고, 궁금증을 적는 방법은 동일했다. 한참 수업에 열중하는데 과학 선생님이 하권팔을 불러 세웠다.

"하권팔 너 뭐해? 지금 책상 위에 있는 책 들고 나와."

하권팔은 쭈뼛쭈뼛하다가 일어섰다. 축 늘어진 손에는 문제집 한 권이 들려 있었다. 하권팔 손에 들린 학원 이름이 흔들렸다.

"내 과학 수업시간에 학원 수학 문제를 풀다니, 말이 돼? 이거 압수야, 나중에 교무실로 찾으러 와!"

선생님은 불같이 화를 냈다. 하권팔은 수학 문제집을 빼앗기지 않으려고 조금 저항했지만 선생님이 워낙 강경했기에 꼼짝 못하고 압수를 당했다.

다시 수업이 이어졌다. 나는 선생님 말씀에 최대한 집중하려고 애썼는데, 자꾸 하권팔에게 신경이 갔다. 몇 번 흘끔 보니 하권팔은 안절부절 못했다. 선생님을 보는 시선은 원망이 가득했고, 분노와 불안이 나에게까지 전해왔다. 오늘까지 풀어가야 할 문제가 많은 게 분명했다.

수업이 끝나고 선생님이 나가시자 하권팔은 미친 듯이 화를 냈다.

"뭐야! 씨! 어차피 학원에서 다 배운 거 다시 배울 필요가 없는데, 내가 왜 이 지긋지긋한 수업을 들어야 하는데. 그리고 지가 뭔데 내 문제집을 빼앗아 가! 오늘까지 풀어가야 하는데, 아이 진짜 완전 빡쳐!"

하권팔은 격하게 선생님을 비난했다. 하지만 누구도 하권팔에게 맞장구를 치지 않았다. 하권팔과 같은 학원에 다니는 애들도 하권팔을 외면했다. 예전에 하권팔은 나못지 않게 친구들이 많았고, 인기가 좋았다. 그런데 중학생이 되고 오직 학원에만 전력투구하면서 완전히 외톨이가 되었다. 학교에서 늘 학원숙제를 하고, 학교가 끝난 뒤에는 주말과 휴일도 없이 학원에 다니기에 같이 어울릴 틈이 없기 때문이기도 하지만, 경쟁심이 지나쳐 이기적으로 행동하는 경우가 많아졌기 때문이다. 많은 중학생들이 학원에 치여 살고, 경쟁심에 물들어 친구를 외면하지만 하권팔은 정말 심한 편이었다.

2교시 쉬는 시간에 하권팔은 교무실로 갔으나 빈손으로 돌아왔다. 3교시 쉬는 시간에도 교무실에 갔으나 다시 빈손으로 돌아왔다. 다시 점심도 안 먹고 교무실로 간 하권팔은 5교시 수업이 시작하기 바로 직전에야 빼앗긴 문제집을 들고 나타났다.

"에이, 진짜! 지가 내 인생 책임질 거야! 이거 완전히 연산군보다 더한 폭군이야. 지가 뭔데 나한테 훈계야. 수업이나 똑바로 하든지. 듣기도 싫은 수업 해놓고는."

하권팔은 수업 시작종이 울리기 전까지 계속 투덜거렸다. 그러면서도 문제집을 펴놓고 급하게 문제를 풀었다. 5교시 수업시간에도 하권팔은 여전히 학원 문제집을 붙잡고 있었다. 하권팔을 보면 학교를 위해 학원이 존재하는지, 학원을 위해 학교가 존재하는지 헷갈렸다.

수업이 끝난 뒤 하권팔에 대한 걱정을 털어놓았지만, 대로는 시큰둥했다.

"냅 둬! 그거야 권팔이가 알아서 할 일이잖아."

"야, 친군데 모른 척하면 안 되지."

나는 친구(!)라는 말이 정말 어색했지만 꾹 참고 발음을 했다.

"칫! 너도 요즘 공부하느라 나랑 예전처럼 많이 안 놀잖아. 사돈 남 말하지 말고, 너나 정신 차리셔!"

대로는 살짝 비꼬는 투였다.

"나랑 권팔이가 어떻게 같냐? 걘 학원에 너무 매여 살잖아."

"물론 권팔이가 조금 심하긴 하지만, 너나 권팔이나 공부에 목매는 건 똑같잖아. 난 그런 거 싫어. 난 중간이 좋아. 나는 이렇게 살 거라고."

쩝! 나도 솔직히 말하면 대로 의견에 어느 정도는 찬성이다. 그 세 명의 원수, 아니 이제 두 명이지! 그 두 명의 원수만 아니었다면 내가 이렇게 미친듯이 공부하지는 않았을 거다. 나는 나와 하권팔이 근본적으로 다르다고 설득하려다 그만두었다. 대로에게 이야기해봐야 이해하지도 못할 거고, 굳이 할 필요도 없었기 때문이다. 나는 내 선택대로 살고, 대로는 대로의 선택대로 산다. 그렇게 따지면 하권팔은 자신의 선택대로 사는 셈이니 내가 왈가왈부할 필요는 없는 셈이다.

이렇게 결론을 내리자 마음이 편해졌다. 이제 더 이상 하권팔에게 신경을 쓰지 않겠다고 다짐했다. 나는 학교라는 곳을 다닌 뒤 최초로 제대로 된 시험 공부를 하는 중이다. 나는 내가 하는 공부만으로 충분히 힘들다. 더 이상 주위에 신경을 쏟을 여유가 없다.

나는 똑또기가 이 말만 하지 않았다면 하권팔을 향한 관심을 완전히 꺼버렸을 것이다.

"권팔이가 정말 스스로 선택했을까? 아니면 어쩔 수 없는 상황에 몰려 끌려가는 걸까?"

* * *

집에 온 뒤에 잠깐 딴짓을 하고는 국어 문제집을 풀었다. 이번에는 문법 부분인데 살짝 어려웠다. 원리를 암기하고, 데이터를 충분히 쌓으며 익히는 방법을 활용했기에 어느 정도 자신은 있었다. 그러나 실제 문제를 풀다 보니 무언가 부족하다는 느낌을 강하게 받았다. 약간 어렵기는 했지만 그래도 열심히 문제를 풀고 있는데 똑또기가 날 가만히 살피더니 '쯧쯧!' 하며 혀를 찼다. 똑또기가 그런 적이 한두 번이 아니었기에 무시하고 열심히 문제를 풀었다.

그때였다. 갑자기 내 의지와 상관없이 의자가 뒤로 벌러덩 넘어갔다. 순식간에 당한 일이라 나는 아무런 대비도 못하고 그대로 넘어졌다. '비겁하게'란 말을 내뱉고 싶었지만 그 말이 나올 새도 없이 내 몸은 뒤로 넘어갔다. 얼핏 냥냥이가 귀엽게 우는 소리가 들렸고, 붕~ 뜬 기분과 함께 머리가 하얘졌다.

답만 고르면 실력이 늘지 않는다

에피소드 27

★나보통과 나모태의 문제풀이법

나보통이 국어 문제집을 푼다. 꽤나 열심히, 집중해서 문제를 푸는 나를 보니 뿌듯하다. 똑또기가 나보통 앞으로 가서 문제 푸는 장면을 촬영한다.

나모태가 국어 문제집을 푼다. 열심히, 집중해서 문제를 푸는 모습이 나보통과 크게 다르지 않다. 이를 확인하고 나는 흐뭇하게 웃는다. 똑또기는 나모태 앞으로 가서도 문제 푸는 장면을 촬영한다.

"왜 그렇게 웃고 있냐?"

똑또기는 뭔가 못마땅하다는 말투다.

"내가 공부하는 모습이 나모태가 공부하는 모습과 비슷해서……"

나는 연신 나오는 미소를 굳이 숨기지 않았다.

"그래서 흐뭇해?"

약간 비꼬는 투였지만 신경 쓰지 않았다.

"그럼! 너라면 흐뭇하지 않겠냐? 저 분위기 봐라! 전교 1등하는 나모태와 전교 성적 중간인 나보통이 공부하는 분위기가 완전 똑같잖아!"

또다시 '쯧쯧' 하며 똑또기가 혀를 차는 소리가 들렸다. 못마땅하다는 기색이 역력했다. 나는 살짝 토라졌지만 애써 태연하게 대꾸했다.

"물론 나도 알아! 내가 그래봐야 아직 나모태를 따라가기에는 부족하다는 걸. 자만하지 않으니까 걱정하지 마."

역시 난 마음이 넓어.

"내 참! 그게 아니야. 넌 내가 왜 너를 못마땅하게 여기는지 전혀 몰라!"

"도대체 뭐가 문젠데?"

살짝 삐져서 도발적으로 물었다.

"여기 사진을 봐! 너랑 나모태가 어떻게 다른지 잘 봐!"

똑또기는 조금 전에 찍은 사진을 내게 보여줬다. 둘 다 국어 문제집을 푸는 중이었다. 집중력은 차이가 없었다. 물론 얼굴은 내가 훨씬 잘생겼다. 처음에는 무슨 차이가 있는지 제대로 발견하지 못했다. 그러다 여러 번 번갈아가며 살피다 보니 나모태의 문제집이 뭔가 다름을 느꼈다.

"나모태의 문제집은 왜 이렇게 지저분하지?"

처음에는 나모태가 낙서를 하는 줄 알았지만 착각이었다. 나모태는 문제집에 온갖 표시와 메모로 가득 채워놓았다. 사진이 찍히는 그 순간에도 나모태는 무언가 메모를 하는 중이었고, 나는 아무런 메모 없이 답에 표시를 하는 중이었다. 이게 도대체 무슨 차이일까? 나모태는 왜 이렇게 문제집에 온갖 표시와 메모를 가득 채워 넣을까?

"나모태가 어떤 방식으로 하는지 알기 전에 일단 왜 저렇게 하는지를 알아야 해. 내가 설명해주기 전에 이 장면을 봐!"

에피소드 28

★나보통의 문제집

나보통이 국어 문제를 푼다. 헷갈리는 문제다. 나보통은 문항 ②와 ③중에서 무엇이 답일까 한참 고민한다. 고민 끝에 ②번을 고른다.

얼마 뒤 채점을 한다. ②번은 답이 아니다. 틀렸다.

조금 뒤 틀린 문제를 다시 푼다.

"조금 전에 ②번이 아니었으니 분명 ③번일 거야."

나보통은 ③번을 답으로 고른다.

다시 채점을 한다. 정답이다. 동그라미를 친다.

"흠, 역시! 맞았어."

나보통은 다음 문제로 넘어간다.

"열심히 하네. 틀린 문제는 넘어가지 않고 다시 풀기까지 하잖아. 틀렸던 표시도 하고. 이러면 됐지 뭘 더 바라냐?"

나는 아무리 봐도 내가 문제 푸는 모습에서 문제점을 발견할 수 없었다.

"넌 ②번과 ③번 중에서 고민했어."

"그래 고민했어."

"왜 그 둘 중에서 고민했어?"

"나머지 셋은 확실히 답이 아니었으니까."

"그러다 ②번을 골랐지."

"맞아! ②번이 정답인 것 같았으니까."

"바로 그거야!"

똑또기가 손뼉을 세게 쳤다.

"뭐가 그거라는 거야?"

"네가 그랬잖아. '같았다'고."

"그게 어때서?"

"정답이야? 정답인 거 같아?"

나는 순간적으로 똑또기의 질문이 무슨 뜻인지 전혀 알아차리지 못했다.

"진짜 정답이라고 생각한 거야? 아니면 정답인 것 같다고 짐작했어?"

"음, 확신하지 못했으니까… 짐작이지."

"바로 그거야! 그게 문제라고."

여전히 무슨 말인지 알아듣지 못했다.

"네가 만약 ②번을 골라서 맞았다고 해봐. 그럼 넌 동그라미를 치고 그냥 넘어갔겠지."

"당연하지. 정답을 골랐으니까."

도대체 뭐가 문제람. 나는 약간 골이 났다.

"그런데 넌 그게 왜 정답인지 정확히 아니?"

아! 그 순간 갑자기 내 두뇌로 번개가 지나갔다.

"너는 단지 짐작으로 ②번을 선택했을 뿐이야. 막연히 ②번이 답이겠거니 생각하고 답을 고른 거지."

"으ㅇㅇㅇ음!"

"채점을 하니까 틀렸어. 그 뒤엔 더 어리석은 짓을 하지."

어리석다는 말이 거슬렸지만 받아들일 수밖에 없었다.

"채점을 통해 ②번이 답이 아닌 걸 안 뒤에 바로 ③번을 골라. 당연히 ②번이 답이 아니면 ③번이 답이니까. 자, 그럼 질문! 넌 이 문제를 제대로 아는 걸까? 아니면 답만 고르고 넘어간 걸까?"

나는 답만 고르고 넘어갔다. 왜 ②번이 답이 아니고, 왜 ③번이 답인지 정확히 확인하지 않았다. 내가 헷갈린 이유도 모른 채 넘어갔고, 부족한 점을 채우지도 않았다.

"객관식 문제풀이를 하는 대부분의 학생들이 너처럼 풀어! 그냥 답만 고르고 넘어가지. 그러고는 맞으면 다 안다고 여겨! 운으로 맞을 수도 있고, 맞기는 했지만 부족한 부분이 있을 수도 있는데 말이야. 객관식 문제를 골라잡기 식으로 풀면, 아무리 많은 문제를 풀어도 진짜 실력은 늘지 않아."

나는 초등학교 1학년부터 지금까지 무려 7년 가까이 무의식적으로 해온 나의 습관을 돌아봤다. 숱한 객관식 문제를 풀었지만 단 한 번도 객관식 문제풀이의 문제점을 생각해본 적이 없었다. 그냥 답을 골랐고, 답이 맞으면 넘어갔다. 틀리면 다시 답을 골랐다. 그게 다였다.

"문제를 푸는 목적은 내가 아는 것이 무엇이고, 모르는 것이 무엇인지 확인하기 위함이야. 정답 골라잡기만 하면 아는 것과 모르는 것이 구분이 되지 않아."

나는 '문제를 푸는 목적은 아는 것이 무엇이고, 모르는 것이 무엇인지 확인하기 위함이다'는 말을 되뇌었다.

"문제를 푸는 두 번째 목적은 반복학습을 하기 위함이야. 문제를 풀 때마다 복습을 하는 효과가 나타나지. 그러나 골라잡기를 하면 복습 효과가 별로야."

나는 다시 '문제를 푸는 두 번째 목적은 반복학습을 하기 위함이다'는 말을 되풀이 했다.

"요즘은 주관식, 서술형 시험이 늘었어. 그래도 여전히 문제집 문제는 객관식이 많아. 문제집을 혼자 풀고 정확하게 채점을 해야 하는데 서술형으로 내면 혼자서 정확하게 채점하기 어렵거든. 시험을 볼 때야 객관식 문제에서 정답을 제대로 선택하면 되지. 그러나 문제집을 풀 때는 그러면 안 돼. 문제집을 풀 때는 객관식을 주관식처럼 풀어야 해."

객관식을 주관식처럼 푼다. 나는 이 문장을 서너 번 반복했다. 객관식을 주관식처럼 푼다! 그래서 나모태 문제집이 그렇게 지저분한 메모와 표시로 가득했구나! 그렇다면 나모태는 도대체 어떤 방식으로 객관식 문제를 주관식처럼 푸는 걸까?

답을 고른 근거를 표시한다

★나모태의 문제집

나는 최대한 조심하며 나모태가 문제 푸는 모습을 지켜본다.

11. (가)~(마)의 구성상 특징으로 맞지 않은 것을 고르시오.

　① (가)는 갈등이 고조되고 있는 중이다.

　② (나)는 사건이 일어나는 배경을 소개하고 있다.

　③ (다)는 갈등이 최고조에 이르며 주제가 드러나고 있다.

　④ (라)는 갈등이 해결되며 이야기가 마무리 되고 있다.

　⑤ (마)는 등장인물끼리 맺는 다양한 관계가 펼쳐지고 있다.

　나모태가 문제를 풀기 전에 내 방식으로 먼저 풀어본다.

　가만히 보니 답은 확실히 ④번이다. ④번 문항의 설명은 결말에 해당하는데, 지문 (라)는 결말이 아니다. 소설의 5단계 구성인 발단 - 전개 - 위기 - 절정 - 결말 중 무엇인지는 모르겠지만 확실히 결말은 아니다. 당연히 답은 ④번! 다른 4개 문항은 볼 필요도, 다른 지문을 확인할 필요도 없다.

　이게 바로 내가 문제 푸는 방식이다. 그러나 나모태는 다르다.

11. (가)~(마)의 구성상 특징으로 맞지 않은 것을 고르시오.

　① (가)는 <u>갈등이 고조</u>되고 있는 중이다.　**위기**

　② (나)는 사건이 일어나는 <u>배경을 소개</u>하고 있다.　**발단**

③ (다)는 갈등이 최고조에 이르며 주제가 드러나고 있다. **절정**

④ (라)는 갈등이 해결되며 이야기가 마무리 되고 있다. **대단원✕ → 위기**

⑤ (마)는 등장인물끼리 맺는 다양한 관계가 펼쳐지고 있다. **전개**

나모태는 문항을 읽을 때 문항 핵심에 반드시 밑줄을 긋는다. 그리고 문항이 뜻하는 바를 문항 옆에 메모한다. 그뿐 아니라 지문에도 계속 밑줄을 긋거나, 메모를 하거나, 이러저런 표시를 한다.

나모태는 계속해서 문제를 푼다. 나도 같은 문제를 일부러 풀어본다. 나모태가 문제에 갖가지 표시를 하고, 메모를 하면서 풀기 때문에 굉장히 시간이 오래 걸릴 것 같은데 전혀 그렇지 않다. 워낙 빠르게 메모와 표시를 하기 때문에 내가 푸는 속도와 견주어도 전혀 느리지 않다. 도리어 내가 푸는 속도보다 빠를 때도 있다. 왜냐하면 아주 어려운 문제를 만났을 때 나는 어쩔 줄 몰라 머리로만 답을 찾아나가지만 나모태는 메모와 표시를 하며 문제의 핵심이 무엇인지, 옳고 그름을 판단할 때 무엇을 중심으로 해야 하는지 고민하며 답을 찾아나가기 때문이다.

나모태가 채점을 하는데 틀린 문제가 없다. 여기서 또 다른 차이가 나타난다. 나모태는 동그라미를 하지 않는다. 단지 어렵게 푼 문제나, 중요한 문제에 별표 표시를 할 뿐이다. 동그라미가 없는 문제집, 수많은 메모와 표시로 가득한 문제집, 무엇이 중요하고, 무엇이 어려운지 자기만의 표시가 가득한 문제집! 그게 바로 나모태의 문제집이다.

"나모태가 객관식 문제를 푸는 방식을 정리해볼래?"

바로 메모를 하며 정리했다.

"⑴ 문항의 핵심에 밑줄 긋기, ⑵ 문항 옆에 메모하기, ⑶ 틀린 문항 고치기, ⑷ 지문에 표시하기."

나는 메모를 한 뒤에 여러 번 읽었다.

"왜 그렇게 하는지 이유는 알겠니?"

그러게, 왜 할까? 솔직히 말해 나모태가 문제를 푸는 방식은 조금 귀찮아 보이기도 했다. 굳이 그렇게 하지 않아도 정답을 고를 수 있는데 왜 저렇게 하는 걸까? 물론 효과가 확실한 문항도 있겠지만 굳이 할 필요가 없어 보이는데도 나모태는 끝없이 메모하고, 표시를 했다.

"네가 이유를 모르니 내가 설명해줄게. ⑴ 문항의 핵심에 밑줄 긋기. 밑줄을 그으라고 하면 대부분 아무데나 막 그어. 그러나 밑줄은 아무데나 긋는 게 아니야. 문항이 옳고 그른지 판단하는 핵심 근거에 밑줄을 긋는 거야. 핵심 근거가 둘 이상이면 밑줄뿐 아니라 동그라미나, 네모 표시도 하지. 이렇게 표시하면 그냥 '감'으로 옳고 그름을 판단하지 않고 명확한 '근거'를 바탕으로 옳고 그름을 판단하게 되지. 이게 중요해."

나는 똑또기의 설명을 천천히 곱씹었다.

"⑵ 문항 옆에 메모하기. 밑줄 긋기와 마찬가지로 판단 근거를 정확히 쓰는 거야. 특히 메모를 하다 보면 옳고 그름을 명확히 판단하는 데 도움이 되기도 하지만, 끊임없는 복습이 돼. 위 11번 문제를 봐. 넌 그냥 답만 고르고 넘어갔지만, 나모태는 옆에 소설의 구성 요소를 계속 썼어. 그렇게 하니까 쓸 때마다 반복학습을 하는 셈이지. 아는 건 더 단단해지고, 혹시라도 모르는 게 있다면 바로 드러나지."

"(3) 틀린 문항 고치기. 이건 나도 알겠어. 틀린 걸 고쳐보면 왜 틀렸는지 명확하게 드러나서 정답을 고르기 쉽고, 반복학습 효과도 나타나."

똑또기는 오랜만에 흡족한 표정을 지었다.

"좋아! 그럼 마지막 '(4) 지문에 표시하기'는 왜 할까?"

잠시도 머뭇거리지 않고 나는 곧바로 대답했다.

"지문에 답이 있으니까. 초등학교 때 엄마에게 귀에 못이 박히도록 들었어. 국어는 지문에 전부 답이 있으니까 귀찮더라도 지문을 꼼꼼하게 확인하라고 하셨어. 수십 번을 들었어도 그때는 귀찮아서 대충 하는 듯 마는 듯하며 넘어갔지. 지문은 교과서에서 읽었기에 굳이 열심히 들여다볼 이유가 없었어. 물론 그러다 실수도 많이 했지. 엄마 말이 맞아. 지문을 정확히 확인하면 답을 '감'으로 고르지 않고 정확한 답을 고를 수 있어. 잠깐만…… 아!"

나는 무언가 퍼뜩 깨달음이 왔다.

"객관식은 '감'을 동원해서 푸는 경우가 많은데, '감'을 버리고 정확한 판단 근거를 바탕으로 답을 골라라! 그게 바로 '객관식을 주관식처럼 풀기'의 진짜 의미였어."

똑또기가 모처럼 활짝 웃었다.

"5개 중 하나만 고르면 되니까 자꾸 골라잡기를 하고 넘어가려는 습성이 있어. 그렇게 하면 실력이 늘지 않아. '감'에 따라서 성적이 들쑥날쑥하기도 하지. 그러나 '명확한 근거'를 바탕으로 하면 실력만큼 성적이 나오지. 나는 예전부터 국어뿐 아니라 다른 과목을 볼 때 열심히 공부해도 성적이 안 나오고 열심히 안 해도 성적이 제법 나오는 경우가 많았어. 그래서 열심히 하지 않고 적당히 성적

받는 게 훨씬 낫다고 여겼지. 열심히 해봐야 성적은 오르지 않으니까. 그런데 이제 보니 그게 잘못된 객관식 문제 푸는 습관 때문이었어."

문제만 풀지 말고 공부다운 공부를 한다

똑또기가 내게 문제 하나를 내밀었다.

"자, 이 문제를 풀어봐."

21. 〈보기〉 중에서 발음할 때 입술 모양이 변하지 않는 모음의 개수는 몇 개인가?

　　〈보기〉 ㅏ, ㅑ, ㅓ, ㅛ, ㅠ, ㅓ, ㅔ, ㅗ, ㅘ, ㅝ, ㅣ

　　① 3개　　② 4개　　③ 5개　　④ 6개　　⑤ 7개

"흠, 예전 같으면 그냥 답만 고르고 넘어갔을 거야. 하지만 이젠 다르지."

나는 '발음할 때 입술 모양이 변하지 않는 모음' 옆에 '단모음'이라고 메모를 했다. 그러고서 단모음을 골랐다. 〈ㅏ, ㅓ, ㅗ, ㅣ〉 이렇게 네 개가 단모음이었다. 그래서 답은 ③번이다.

"발음할 때 입술 모양이 변하지 않는 모음에 '단모음'이라고 메모를 하다니 훌륭해. 바로 그렇게 하는 거야. 그리고!"

똑또기는 잠시 뜸을 들였다.

"그리고 단모음 반대가 뭐지? 단모음은 모두 몇 개이고, 단모음이 아닌 모음은 몇 개일까?"

나는 곰곰이 따져가며 느릿느릿 답변했다.

"단모음이 아닌 모음은 이중모음이야. 이중모음은 발음할 때 입술 모양이 변해. 그리고 단모음은 〈ㅏ, ㅐ, ㅓ, ㅔ, ㅗ, ㅚ, ㅜ, ㅟ, ㅡ, ㅣ〉 이렇게 10개야. 그리고 이중모음은 〈ㅑ, ㅕ, ㅛ, ㅠ, ㅒ, ㅖ〉 그리고 잠깐만 … 〈ㅘ, ㅙ, ㅝ, ㅞ〉 마지막으로 … 〈ㅢ〉 11개네. 휴~!"

대답을 하고 나서 안도의 한숨을 길게 내쉬었다.

"잘했어. 그런데 어째 한숨을 쉬는 꼴이 겨우 정답을 말했다는 분위기네?"

"솔직히 인정! 모르는 건 아니었는데, 정확하게 답변하려고 하니까 몇 개가 헷갈리고, 잘 기억이 안 났어."

"내가 왜 물어보는지는 알겠니?"

"응, 바로 복습! 객관식 문제를 풀 때 답만 맞추며 넘어가려는 습성이 강한데, 이렇게 문제와 관련한 지식을 다시 반복하면 문제를 풀 때마다 복습이 되지. 그러니까 객관식 문제를 풀 때 답만 맞추겠다는 생각을 지워야 해. 문제풀이는 복습을 위한 수단이고, 내가 아는 게 정확한지 확인하는 과정일 뿐이야."

에피소드 30

★나모태의 채점 방법

나모태가 문제를 푼다. 채점을 하는데 한 문제가 틀렸다. 나모태는 심각하게 문제를 쳐다보더니 정답을 고른다. 그게 끝이 아니다. 다시 교과서를 보더니 해당되는 부분을 파고든다. 문제집 앞에 나온 설명도 다시 읽는다. 단지 문제가 다룬 부분뿐 아니라 그와 연관된 부분까지 폭넓게 공부한다.

틀린 문제 옆에 왜 틀렸는지, 어떤 점을 잘못했는지도 적어둔다. 실수를 줄이기 위해서 어떻게 공부해야 하는지도 적는다.

"헉! 말이 안 나온다."

정말 기가 막혔다. 어떻게 틀린 문제 하나 나왔다고 저렇게까지 반복해서 공부를 하고, 분석을 할까? 오답노트를 철저히 쓰라는 충고는 숱하게 들었고 학원에 다니는 애들이 오답노트 쓰느라 생고생 한다는 사실은 잘 알고 있었지만, 나모태처럼 하는 애들은 본 적이 없다.

"아마, 내가 저렇게 했다가는 국어 공부만 일주일 해도 모자랄 거야."

"당연하지. 너야 틀린 문제가 나모태보다 훨씬 많을 테니까. 나모태야 문제집 하나 다 풀어도 틀리는 게 다섯 손가락에 꼽을 정도니 저렇게 하지. 중요한 건 저런 태도야. 자신이 부족한 것이 드러났을 때 나모태는 부족한 점을 최대한 채우려고 해. 그게 보통 학생들과 다른 점이야. 당장 나모태 수준으로 하기는 힘들어. 그러나 저 자세는 배워야 해. 작은 부분부터 모르는 게 나오면 끝까지 파고들어서 공부를 하려는 자세를 갖춰야지. 그게 전교 1등 나모태가 다른 학생들과 다른 점이야. 나모태를 넘겠다면 저런 자세로 해야지."

나는 나모태를 질투했다. 솔직히 말하면 싫어했다고 해야 맞다. 초희 마음을 빼앗아가고, 괜히 엄마 눈치 보게 만든 나모태가 싫었다. 사촌이 엄친아면 주변에서 아무 말 하지 않아도 괜히 스트레스받기 마련이다. 그런데 나모태가 공부하는 모습을 보면 볼수록 존경심(!)까지 생기려고 했다. 나모태는 단순히 공부 잘하는 엄친아가 아니었다. 나모태는 공부하는 법을 알고, 공부를 즐기며, 공부에 열의가 넘치는 학생이었다. 자존심이 상하기는 하지만 그런 점은 존경할 수밖에 없었다.

에피소드 31

★ 하권팔의 문제풀이법

하권팔이 학원에서 문제를 푼다. 자음과 모음에 관련한 문제다. 문제를 다 푼 뒤에 선생님께 검사를 맡는다. 빨간 비가 여러 개 내린다. 바로 그 자리에서 선생님께 매를 맞는다. 손바닥이 빨갛다. 아픔을 꾹 참고 자리로 돌아간 하권팔은 학원 문제집에 나온 설명을 정신없이 암기한다. 다시 문제를 푼다. 또다시 두 대를 맞는다. 겨우 두 개 틀렸는데 또 매를 맞다니⋯⋯. 하권팔은 다섯 번 시험을 본 뒤에야 만점을 맞고 겨우 통과한다. 국어 시험이 끝이 아니다. 다음 수업은 수학이다. 또 얼마나 맞을까?

깊은 한숨과 함께 나는 정신을 차렸다. 몸은 언제 그랬냐는 듯이 의자에 앉아 있다. 냥냥이가 책상 위에서 고개를 살짝 기울인 채 나를 빤히 마주보고 있었다.

"하권팔과 나모태! 정말 극과 극이야. 나모태와 하권팔은 둘 다 열심히 해. 그런데 나모태는 스스로 하고 하권팔은 시키는 대로 해. 나모태는 공부를 하는 방법을 정확히 알고 스스로 노력하지만, 하권팔은 매가 무서워서 공부해. 나모태를 보면 부럽고 존경심이 생기는데, 하권팔을 보면 불쌍하기만 해. 평범한 나보통! 이럴 때 하권팔에게 어떻게 해야 할까?"

나는 냥냥이 머리를 쓰다듬었다. 부드러운 털이 손바닥에 따스함을 전했다. 갸르릉, 갸르릉, 냥냥이 목에서 나는 소리였다. 행복한 느낌이 가득했다.

너의 진심이 가는 대로.

냥냥이의 갸르릉 소리가 내 가슴 속에서 이렇게 들렸다.

정답인 이유를 표시하고 틀린 부분은 고쳐라

객관식 문제집을 풀면서 정답만 고르고 넘어가면 안 된다. 문제를 푸는 첫 번째 목적은 내가 아는 것이 무엇이고, 모르는 것이 무엇인지 확인하기 위함이다. 정답을 골라잡기만 하는 식으로 풀면 아는 것과 모르는 것이 구분되지 않는다. 문제를 푸는 두 번째 목적은 반복학습을 하기 위함이다. 문제를 풀 때마다 복습하는 효과가 나타나는데 정답만 고르고 넘어가면 반복학습 효과가 크지 않다.

문제집에 나온 객관식 문제를 풀 때는 마치 주관식처럼 푼다. 그래야 아는 것과 모르는 것이 확실히 드러나고, 반복학습 효과가 나타난다. 객관식 문제를 주관식처럼 푸는 방법은 다음과 같다.

첫째. 문항의 핵심에 밑줄 긋기

문항에서 옳고 그름을 판단하는 가장 핵심 단어나 표현에 밑줄을 긋는다. 문제를 감이 아니라 정확한 근거로 판단하는 힘을 길러준다.

둘째. 문항 옆에 메모하기

문항의 옳고 그름을 판단하는 근거를 메모한다. 역시 감이 아니라 정확한 근거로 판단하기 위함이다.

셋째. 틀린 문항 고치기

틀린 이유를 메모하다 보면 정확한 정답 선택이 가능하며, 부족함도 드러난다.

넷째. 지문에 표시하기

국어 시험은 지문에 정답이 있다. 지문을 눈으로만 확인하지 말고 표시를 한다. 정확한 답 고르기를 가능하게 한다.

다섯째. 문제와 관련한 지식을 반복해서 공부하기

답만 고르고 넘어가지 말고 문제가 다루는 지식이 있다면 그와 관련한 공부를 한다. 반복학습과 혹시라도 모를 공부 구멍을 메워준다.

여섯째. 틀리면 틀리게 만든 부족함을 채우기

틀리면 틀린 이유를 분석하고, 틀릴 수밖에 없었던 부족함을 채운다. 부족함을 얼마나 제대로 채우느냐에 따라 성적이 결정된다.

03
서술형, 암기식 공부와 사고력 공부의 중간 시험

"야, 하권팔! 얘기 좀 하자."

점심시간, 밥을 먹자마자 문제를 푸느라 정신이 없는 하권팔을 불렀다. 하권팔은 나를 한 번 쳐다보고는 다시 고개를 숙이고 문제를 푸느라 정신이 없었다.

"얘기 좀 하자고."

내가 바짝 다가갔다.

"너랑 쓸데없는 얘기할 시간 없어. 나는 바빠."

"너한테 쓸데없는 얘기 아니니까 얘기 좀 해."

"됐어. 관심 없어."

하권팔은 날 외면하고 계속 문제를 풀었다. 마치 문제 푸는 기계 같았다. 나는 잠시 주춤했다. 그냥 포기해버릴까 싶었다. 하권팔이 푸는 문제를 살폈다. 우연인지 몰라도 하권팔은 국어 문제를 푸는 중이었다. 문항에 체크를 하고 번호를 쓴 흔적만 있고 다른 표시나 메모는 전혀 없었다. 하권팔은 최대한 빨리 답을 고르고 있었다. 내가 예전에 객관식 문제를 풀 때 하는 방식 그대로였다. '그렇게 수많은 문제를 풀어봐야 진짜 실력은 늘지 않아' 하고 충고해주고 싶었지만 꾹 참았다.

"너 아직도 안 돌아갔냐?"

하권팔은 바쁘게 답을 고르다 무심하게 날 보더니 다시 문제풀이에 집중했다. 정말 무서운 집념이었다. 저 정도로 무섭게 공부하면 아무리 학원에서 시키는 대로만 하더라도 분명히 성과가 나올 것 같았다. 갑자기 내가 왜 하권팔을 걱정하고, 무엇을 걱정하는지 확신이 서지 않았다. 내가 하권팔에게 무슨 말을 해야 하는지도 헷갈렸다. 어쩌면 하권팔은 자신에게 가장 맞는 방식으로 사는지도 모른다. 나와 다른 길이지만, 그 나름대로 괜찮은 방식이 아닌가 싶기도 했다.

물론 똑또기 말처럼 자기 선택이 아닐지도 모른다. 엄마나 아빠의 강요에 의해서, 성적을 내야 한다는 강박관념 때문일지도 모른다. 이유야 어떻든 하권팔은 나와 견주기 어려울 정도로 열심히 한다. 나야 나모태 흉내를 내기는 하지만 여전히 대로와 어울리기 좋아하고, 친구들과 놀기 좋아하며, 내가 흥미가 생기는 일이 생기면 공부를 뒷전으로 미룬다. 나와 달리 하권팔은 무슨 일이 있어도 오직 공부만 한다. 그 공부가 자발적이지 않고, 자기 생각을 담을 여유도 없고, 노는 시간 하나 없이 바쁘기는 하지만, 그 힘겨움을 이겨내고 나면 무언가 큰 발전이 오지 않을까?

그럼에도 힘겨움에 찌든 하권팔의 눈빛, 학원 선생님께 매를 맞으며 고통스러워하던 이맛살을 잊기 어렵다. 나는 어깨를 축 늘어뜨리며 내 자리로 돌아왔다. 나는 털썩 주저앉아서 멍하니 칠판만 바라봤다.

"힘내. 정성을 기울이면 언젠가 변화가 올 거야."

어른스러운 말투, 묵직한 기운! 나모태다. 나는 천천히 눈꺼풀을 들어 나모태를 올려봤다. 도대체 왜 얘가 나한테 와서 이런 말을 하지? 뭘 안다고?

"사촌끼리 뭘 그런 눈으로 쳐다보냐?"

나모태는 씩 웃었다.

"너랑 권팔이가 친구인 건 세상이 다 아는 일이고, 권팔이가 학원에 얽매이면서 학교 소홀히 하는 거야 하루 이틀이 아니고, 네가 권팔이 걱정하는 건 우리 반 애들이면 다 알아. 나야 도와주고 싶지만 권팔이랑 친한 사이도 아니고, 네가 힘들어 보여서 사촌으로서 힘내라는 말이라도 전하는 거야."

사촌이라! 사촌이란 말이 너무나 새삼스럽다. 유치원 때는 조금 친했던 기억도 난다. 둘이 제법 어울리며 지냈다. 초등학교 들어가면서 나모태가 학원에 많이 다니다 보니 근처에 살면서도 얼굴 보기가 어려워졌다. 자연스레 나는 이대로나 하권팔과 친하게 지냈다. 그때 내가 나모태와 계속 친하게 지냈다면, 지금 우리는 전혀 다른 느낌으로 만나고 있을지도 모른다.

"사람은 다 때가 돼야 변해. 서두른다고 해결되지 않더라. 내가 경험해봐서 하는 얘기야. 물론 너와 권팔이는 사정이 다를지도 모르지만, 어쨌든 지성이면 감천이래잖아. 힘내라!"

알 듯 모를 듯한 말을 남기고 나모태는 자기 자리로 돌아가 버렸다. 나모태가 던진 말이 머릿속에 빙글빙글 돌았다. 현기증이 났다. 지성이면 감천이라! 내가 하늘을 설득할 만큼 정성을 들일 수 있을까? 모르겠다.

책을 읽는 나모태 옆으로 초희가 다가갔다. 둘이 무언가 자연스런 대화를 나눈다. 참 잘 어울렸다. 질투도 아니고, 부러움도 아니고, 미움도 아닌 묘한 감정이었다. 어쩌면 이 모든 감정이 한꺼번에 뒤섞였는지도 모르겠다.

툭! 책상에 뭔가 놓이는 소리다.

"이거 먹어! 골치가 아플 때는 먹는 게 남는 거야."

다혜다. 요즘 다혜는 날마다 나에게 무언가를 준다. 대부분 먹을 건데 슈퍼에서 흔히 파는 과자나 인스턴트가 아니라 유기농 과자거나 손으로 직접 만든 건강음식들이다.

"받아! 먹어야 남는다니까."

"키키."

갑자기 실없는 웃음이 터져 나왔다.

"왜 웃어?"

"아냐! 먹는 게 남는다는 말이 확 와 닿아서. 그래 먹자! 오늘은 얼마나 맛있으려나."

나는 약간 과장되게 반가움을 표했다. 하권팔도, 초희도 다 잊자. 지금 내 앞에는 맛있는 음식이 있으니까. 그리고 다혜도.

"야! 이거 짱이다. 진짜 맛있네. 야, 이대로! 너도 먹어봐라. 최고다."

먹을 거라면 환장을 하는 대로는 얼른 와서 먹으려다 다혜 눈치를 보고는 살살 피했다.

"됐다! 누구 맞아 죽는 꼴 보려고 그러냐."

"너만 먹어! 널 위한 거야."

다혜가 턱을 괸 채 나를 흐뭇하게 바라봤다.

갑자기 가슴이 쿵쿵 거렸다.

"흠, 흠, 맛있네. 먹고 힘내서 열심히 공부해야지."

나는 일부러 과장되게 말했다.

* * *

"좋아서 어쩔 줄 모르는구만!"

똑또기가 살짝 빈정거리듯 말했다.

"좋지! 좋기는 정말 좋지. 묘한 기분이 들기는 하지만. 내가 그렇게 놀리던 다혜랑 이렇게 친해질 줄 누가 알았겠어. 솔직히 괜찮은 애야? 안 그래? 너도 그렇게 생각하지? 응? 어때?"

"어휴, 알았어, 알았어. 그래 좋은 애야."

"그치? 좋은 애지! 내가 옛날에 왜 그렇게 놀렸나 몰라. 나 못돼먹었지. 응? 그치?"

나는 내가 말하면서도 내 말이 실없어 보여서 피식피식 웃었다. 그러다 얼른 정신을 차렸다. 시험이 며칠 남지 않았기 때문이기도 하지만, 국어 공부를 하다 답답한 벽에 막혔기 때문이다. 어제부터 날 가로막은 어려움을 똑또기를 통해 해결하려고 계속 별렀는데 기회를 잡지 못했다.

"내가 답답해하는 벽이 뭔지 알지?"

"네가 묻지 않는데 내가 어떻게 아냐? 난 몰라."

몰라? 분명히 알면서 시치미 떼기는.

"서술형! 이게 내가 마지막으로 막힌 벽이야. 솔직히 말하면 문제 자체는 어렵지 않거든. 네가 알다시피 나 열심히 공부했잖아. 그래서 웬만한 답변은 다 해. 단순 단답식이나 지문에서 해당하는 문장이나 표현을 찾는 문제는 쉬워. 그러나 글의 의미를 해석하거나 이유를 묻는 질문은 어려워. 머리로는 대략 떠오르는데 글로 쓰려고만 하면 막막해. 국어가 암기과목이 아니어서 그런지 정답이 명확히 떨어지는 답이 아닌 경우 내가 쓴 답이 과연 정답에 가까운지 아닌지 잘 모르겠어. 해답지를 봐도 내가 몇 점짜리 답을 했는지 모르겠다니까. 이럴 때 과외 선생님이나 학원 선생님이 필요하다는 생각이 들기도 해. 나에게 서술형은 국어 만점을 향해 나아가는 길을 가로막는 마지막 관문이야."

나는 집에 오자마자 자발적으로 뒤로 넘어졌다. 이번에도 쓰러지는 내 시야 앞에 냥냥이가 나타났다. 도대체 냥냥이는 전혀 보이지 않다가 왜 꼭 이 순간에만 나타나는 걸까?

쓰고, 쓰고, 또 쓴다

에피소드 32

★ 쓰고 쓰고 또 쓰는 나모태의 서술형

"여기는 도대체 왜 뒤지라는 거야?"

똑또기가 내게 나모태 집의 재활용 쓰레기 분리수거함을 뒤지라고 한다.

"아, 진짜 지저분하게."

"누가 다 뒤지라고 했니? 여기 종이 분리수거함만 뒤지라고 한 건데 질색을 하기는."

나는 이맛살을 찡그리며 더듬더듬 종이 분리수거함을 뒤적거린다. 이런저런 종이가 가득하다. 손으로 뒤적거리기는 하지만 분리수거함에 뭐가 있는지는 살피지 않는다.

"그렇게 마구잡이로 손만 움직이지 말고 뭐가 있는지 살펴봐. 어떻게 하면 서술형의 벽을 넘을 수 있는지 알려달라며? 진짜 서술형 벽을 넘고 싶기는 한 거야?"

"알았어. 알았다고."

나는 하기 싫은 기색을 팍팍 풍기며 손을 움직인다. 무심코 종이를 뒤적이던 내 앞에 뭔가 같은 종류의 종이가 계속 눈에 띈다.

'이게 뭐지?'

나는 비슷한 느낌이 나는 종이를 간추려 모은다. 종이 재활용 수거함의 1/3은 같은 종류의 종이다. 이면지가 대부분인데, 뒷면에 글씨가 가득하다. 글씨를 살펴보니 전부 같은 글씨체다. 그리고 중학교 공부와 관련한 글이다.

"나모태가 공부하면서 쓴 글이구나! 그럼 이게 전부 쓰면서 공부한 흔적이야? 맙소사!"

나는 엄청난 양의 종이에 기가 질리고 만다.

"말이 안 나온다. 진짜!"

나는 감탄하다 못해 얼이 빠진 느낌이었다. 이런 괴물 같은 놈이 세상에 또 있을까? 도대체 사라졌던 3년 동안 무슨 일이 있었기에 이런 공부 괴물이 되어 돌아왔을까? 내가 나모태처럼 하는 게 가능할까? 한숨이 뱃속부터 기어 올라왔다.

"몇 번 강조했지만 한 번에 나모태처럼 하기는 어려워. 나모태 따라가려다 가랑이 찢어지기 십상이지."

싫지만 인정할 수밖에 없다.

"왜 나모태가 저렇게 쓰면서 공부하는지 깨닫는 게 중요해. 깨닫고 나서 하나씩, 조금씩 실천하다 보면 어느새 나모태처럼 하는 너 자신을 발견하게 될 거야."

그래, 천리 길도 한 걸음부터라고 했으니.

"서술형을 왜 본다고 생각하니?"

똑또기가 물었다.

"그러게 말이야. 나도 참 이해가 안 돼. 공부하기도 힘들고, 시험보기도 힘들고, 솔직히 말해서 선생님들도 채점하기가 쉽지 않을 거야. 내가 보기에는 학생들과 선생님들 골탕 먹이려는 윗분들의 음모가 분명해."

"으이구~! 생각하는 거 하고는."

"그럼, 왜 하는 건데?"

"너는 객관식 골라잡기 시험의 문제점은 잘 알지?"

나는 힘차게 고개를 끄덕였다.

"단순 암기형 주관식 시험의 한계도 알지?"

나는 또다시 세차게 고개를 끄덕였다.

"바로 그 한계를 극복하기 위해서야."

"그게 왜 하필 서술형이냐고?"

"객관식 골라잡기 시험, 단답식 암기 시험으로는 사고력을 측정하지 못해. 시험이 사고력을 측정하지 않으니 학생들도 사고력이 필요한 공부를 하지 않으려고 해. 반면에 서술형은 사고력을 필요로 하는 시험이야. 사고력을 측정하니 사고력을 기르기 위한 노력을 하겠지."

나는 힘없이 동의를 표했다.

"세상은 사고력이 뛰어난 인재를 원해. 학교는 그런 인재를 길러내야 하고. 객관식, 암기식 시험만으로는 세상이 필요로 하는 인재를 길러내기 힘들어. 그래서 보는 시험이 서술형이야."

똑또기 설명은 알아들었지만, 무언가 트집을 잡고 싶었다.

"사고력이 뛰어난 인재가 필요하다는 말에는 동의하지만, 서술형 시험을 본다고 사고력이 길러진다는 말에는 동의 못하겠어. 정말 사고력을 기르고 싶다면 책을 많이 읽게 하고, 토론도 많이 하고, 발표나 글쓰기도 많이 하고, 프로젝트 수업이나 모둠 수업을 많이 해야 하는 거 아냐? 그래야 진짜 사고력이 길러지는 거 아니냐고?"

나는 흥분해서 평소 교육에 대해 품던 불만을 쏟아냈다.

"100% 네 말이 맞아. 서술형 시험은 사고력을 길러내는 시험 방법으로는 충분하지 않아. 여전히 학생들은 서술형 시험을 암기식으로 보려고 하고, 그렇게 공부해. 선생님들도 정답이 있는 서술형 시험을 내지. 그건 성적을 내서, 일등부터 꼴등까지 줄을 세우는 교육 현실 때문이야. 부모님이나 학생들이 1, 2점에 크게 반응하기 때문에 채점에 민감할 수밖에 없지."

문제는 늘 우리나라 교육 현실이다. 중학생들도 다 아는 교육의 문제점을 어른들은 왜 모르는지 모르겠다.

"세상은 사고력을 지닌 인재를 원하고, 채점을 정확하게 해서 성적은 내야 하고, 그래서 나온 타협책이 서술형 시험이야."

"서술형 시험은 암기식 공부와 사고력 공부의 중간쯤이겠네."

"그래, 바로 그거야. 서술형이 어떤 시험인지 알면 적절한 공부법도 저절로 나오지. 글을 스스로 분석하고, 감상하고, 수업시간에 수업을 충실히 듣고, 메모하고, 객관식 문제를 주관식처럼 풀었다면 서술형 시험을 충분히 대비했다고 할 수 있어."

나는 똑또기가 말한 공부법을 모두 실천하고 있다. 완벽하게 서술형 시험에 대비하고 있는데도 왜 서술형 답을 쓰려고 하면 헷갈리고, 자신 없는 걸까?

"이유는 하나야! 네가 쓰지 않기 때문이야."

나는 종이 분리수거함에 가득 든 나모태의 쓰기 흔적을 묵묵히 보며 똑또기의 설명을 계속 들었다.

"넌 공부는 충분히 했어. 머리에는 다 들어있어. 그러나 너는 머릿속에 들어 있는 지식을 글로 옮기는 능력이 부족해. 머리로 아는 것과 말로 하는 것은 달라. 또한 말로 하는 것과 글로 쓰는 것도 다르지. 많이 아는 사람이라고 말을 잘하는 게 아니고, 많이 알고 말을 잘한다고 글을 잘 쓰지는 않아. 지식이 뛰어나고 말을 잘한다고 해도 말하는 바를 그대로 글로 옮길 줄 아는 사람은 흔치 않아. 너는 글로 너의 지식을 옮기는 능력이 부족해. 네가 서술형 시험을 어려워하는 이유는 이거 하나야! 쓰면서 공부하는 버릇이 들지 않았다는 것!"

하지 않으면 어렵다. 해보지도 않은 일을 잘하는 사람은 거의 없다. 나는 쓰기를 거의 안 한다. 말하기는 정말 좋아하지만 쓰기는 정말 싫어서 안 한다. 쓰기를 싫어하고, 글쓰기를 거의 하지 않는 내가 서술형 시험의 벽에 부딪치지 않으면 이상하다.

"쓰고, 쓰고, 또 써라! 기회만 닿으면 써라! 최종적인 서술형 시험 공부법은 오직 이거 하나야!"

객관식 문제는 서술형과 상관없을까?

★ 나모태의 서술형 공부법, 주관식으로 답한다

나모태가 이미 다 푼 문제집을 다시 보며 무언가를 한다. 객관식 문제를 종이로 가리고는 무언가를 한다. 자세히 보니 문제는 보고 문항은 가렸다.

5. 위 글에서 글쓴이가 핵심적으로 주장하는 것은 무엇인가? 1

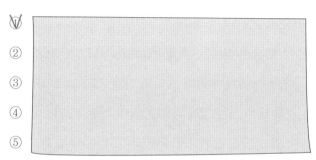

①
②
③
④
⑤

나모태는 문제를 읽고는 객관식 문항을 가린 채 바로 답변을 쓴다.

현대인들에게 널리 퍼진 부도덕성을 비판하고 있다.

그러고는 답변과 객관식 정답 문항을 견줘서 본다.

5. 위 글에서 글쓴이가 핵심적으로 주장하는 것은 무엇인가? 1
① 현대인들의 부도덕성을 비판한다.

② 환경을 보호하는 일이 가장 중요하다.

③ 순수성을 회복하기 위해서는 시골로 돌아가야 한다.

④ 순박한 사람을 속이면 안 된다.

⑤ 손해를 보더라도 거짓을 택하면 안 된다.

답을 견줘볼 때, 나모태는 객관식 정답을 고르면서 표시한 표현이 자기가 쓴 답안에 있는지를 꼭 확인한다.

나모태가 쓴 답　　**현대인들에게 널리 퍼진 부도덕성을 비판하고 있다.**
객관식 문항 답　　① 현대인들의 부도덕성을 비판한다.

모든 문제를 이렇게 하지는 않았지만 가능한 문제가 나올 때마다 이런 방식을 사용한다. 서술형 문제를 풀고 나서도 자신의 답변 중에서 핵심인 부분과 정답의 핵심을 견줘본다.

나모태가 쓴 답　　**두 학생이 글을 읽은 목적이 다르기 때문이다.**
문제집에 나온 정답　글을 읽은 목적이 전혀 다르기 때문이다.

핵심적인 표현을 제대로 쓰면 넘어가고, 그렇지 못할 경우에는 문제의 핵심을 다시 분석하고 고민한 뒤에 다시 써본다.

"내가 써놓고 이게 정답인지 아닌지, 몇 점짜리 답변인지 내 스스로 판단할 수가 없어서 고민스럽다고 했는데, 바로 이게 그 질문에 대한 답이구나."

"핵심 표현이 열쇠지. 문장에 큰 문제가 없고 핵심 표현을 담았다면 정답이야. 그러나 문장을 잘 썼다고 해도 핵심 표현이 빠졌다면 정답이라 인정받기 어려워."

나는 나모태가 객관식 문제를 가리며 서술형 시험 공부를 하는 것에 깊은 인상을 받았다. 나도 꼭 해보고 싶었다.

"나모태는 객관식 시험 공부의 한계를 극복하려고 다양한 방법을 시도하는구나."

"앞서도 말했지만 객관식으로만 풀면 실력이 늘지 않기 때문이지. 그리고 중요한 점이 있어. 객관식 문제를 풀 때 문제의 핵심에 표시하라고 했지. 그걸 하면 서술형 시험에도 큰 도움이 돼. 그건 알겠니?"

"당연히 알지. 객관식 문항의 핵심 = 서술형 답변의 핵심. 이거잖아. 객관식 문제를 풀 때 핵심에 표시하는 연습을 하면 자연스럽게 서술형 답변을 할 때 핵심 표현이 무엇인지 알아차리고 정답을 정확히 쓰게 되지."

뭐든 핵심이 중요하다. 핵심을 잘 잡으면 문제가 잘 풀린다. 일상에서 부딪치는 일도 핵심을 정확히 잡아내면 해결할 가능성이 올라간다. 핵심이라! 핵심!

* * *

하권팔을 돕기 위해서는 무엇이 핵심일까? 학교를 등한시하고 학원을 위해 학교를 다니는 하권팔, 스트레스로 인해 불행한 나날을 보내는 하권팔, 친구들과 관계도 다 틀어진 하권팔, 선생님들에게 함부로 말하고 선생님들에게 미운 털이 박혀가는 하권팔, 친구들을 눌러서 승리하겠다는 욕심으로만 가득한 하권팔, 그로 인해 끊임없이 불안하고 불행에 빠져드는 하권팔!

하권팔의 삐뚤어진 가치관을 바로잡고, 제대로 된 길로 이끄는 핵심 열쇠는 무엇일까? 문제 해결의 핵심은 무엇일까? 핵심이라……. 삶에서도 핵심이 중요하다.

서술형,
채점의 핵심 포인트가 무엇인지 확인하라

세상은 사고력을 지닌 인재를 원하지만 학교에서는 채점을 정확하게 해서 성적을 내야 하기에 서술형 시험을 도입했다. 따라서 서술형 시험은 암기식 공부와 사고력 공부의 중간이다. 서술형 시험을 잘 보기 위해서는 먼저 글을 스스로 분석하고, 자기 힘으로 감상하고, 수업시간에 수업을 충실히 듣고, 필요할 때마다 메모하고, 객관식 문제를 주관식처럼 풀어야 한다. 이 외에 서술형 시험을 잘 보기 위해서는 다음 두 가지가 핵심이다.

첫째, 쓰기를 습관화한다.

아는 것을 글로 쓰기 위해서는 '쓰는 능력'이 필요하다. 알고 있다 하더라도 아는 지식을 그대로 쓰는 어렵다. 쓰기 연습이 충분히 되어 있지 않으면 서술형 시험 실력이 늘지 않는다. 서술형 시험은 학교에서 배운 내용을 쓰라고 나오므로, 평상시에 쓰면서 공부를 하는 습관을 들여놓으면 서술형 시험 대비는 저절로 된다.

둘째, 핵심 표현을 확인한다.

서술형 시험에서 점수를 좌우하는 것은 '핵심 표현'이다. 핵심 표현을 정확히 쓰면 점수를 얻고, 그렇지 못하면 오답이거나 감점을 당한다. 핵심 표현이 무엇인지 확인하는 가장 쉬운 연습은 객관식 시험 문제를 가리고 풀어보는 것이다. 답변을 쓰고 곧바로 문항을 확인한다. 확인할 때 문항의 핵심을 정확히 글로 옮겼는지 확인한다. 일반적인 서술형 문제를 풀 때도 마찬가지로 핵심 표현을 정확히 적었는지를 중심으로 채점한다. 핵심 표현이 무엇인지 파악하는 능력을 키워야 서술형 시험의 벽을 넘어갈 능력이 생긴다.

넷째
마당

수행평가 공부법

수행평가가
1등과
2등을 바꾼다

01

잘못된
생활습관이 수행평가를 망친다

중간고사를 봤다. 속이 시원하면서도 조금은 아쉽다. 국어를 정말 열심히 공부했는데 100점을 맞지 못했기 때문이다. 내 점수는… 98점! 물론 국어에서 이렇게 높은 점수를 받은 것은 중학교에 와서 처음이다. 그러나 만점을 받을 수도 있었기 때문에 너무나 아쉬웠다.

"야, 어떻게 이런 맞춤법을 몰라서 감점을 당하냐? 정말 어이가 없구만. 이건 완전히 초등학교 저학년 수준인데……. 이거만 아니었으면 만점이잖아. 어이구, 아깝다."

똑또기가 점수와 답변을 거듭 보면서 날 구박했다. 나는 변명할 말이 없었다. 문제의 핵심은 정확히 짚었고, 정확히 표현했지만, 맞춤법이 틀리는 바람에 감점을 당했기 때문이다. 어떤 부분이 틀렸는지는 쪽팔려서 공개하지 않겠다. 확실히 나는 정말 쓰기 능력이 부족하다.

맞춤법 때문에 창피하기는 하지만 난 이번 시험 결과에 굉장히 만족한다. 전 과목 평균 점수가 무려 8점이나 올랐고, 성적도 반에서 6등을 기록했기 때문이다. 국어 공부를 하면서 익힌 방법을 다른 과목에 적용했더니 덩달아 다른 과목 성적도 올랐다. 아무튼 반 6위라! 내 인생에 등수가 한 자리 수로 표기된 것은 처음이다. 드디어 나는 보통의 길, 중간의 길에서 벗어났다. (진짜 벗어나기는 한 걸까?) 대로는 나를 배신자라며 농담 반, 진담 반으로 놀렸다.

1학기와 똑같이 반 3등을 차지한 다혜는 자기 일 못지않게 기뻐해주었다. 나모태는 이름처럼 '나 못해'면 좋을 텐데 이름과 달리 이번에도 전교 1등이다. 아예 이름을 '나 잘해'로 바꿔주고 싶다. 초희는 하권팔을 제치고 2등을 차지했다. 그런데 초희를 향한 마음이 예전 같지 않아서 초희가 2등을 차지하든 말든 별 관심이 가지 않는다.

하권팔은… 하권팔은 2등에서 떨어져 4등으로 내려앉았다. 시험이 끝나면 다들 결과에 아쉬워하면서도 시원한 해방감을 맛보는데 하권팔에게는 시험이 끝났다는 해방감이 전혀 보이지 않았다. 성적도 크게 떨어졌고, 무엇보다 학원과 집에서 받을 압력과 야단에 걱정이 커보였다. 누가 봐도 하권팔은 정신을 놓은 분위기였지만 아무도 관심을 기울이지 않았다. 하권팔은 철저히 혼자였다. 정말 힘들어 보였다. 친구들은 "하권팔 성적은 학원빨이었어. 이제 서서히 학원빨이 사라지는 거지. 잘난 척하더니 꼴좋네." 하며 뒤에서 쑥덕거렸다. 나는 이래저래 가슴이 아팠다.

* * *

"얼굴이 어두워 보인다?"

"하권팔 때문에……."

"네가 어떻게 할 수 있는 영역이 아니잖아. 넌 충분히 마음을 썼어. 그럼 된 거지 뭐. 내가 보기에 너에게는 기분 좋은 일이 훨씬 많지 않냐?"

"그렇기는 한데, 지난날 절친이 힘들어하고, 다른 애들이 뒷담화하는 소리를 들으니 불편해. 괴롭기도 하고."

"모든 일에는 때가 있는 법이야. 절실한 마음으로 기다리면 기회가 올 거야. 기회가 오면 그 기회를 놓치지 마!"

똑또기는 미래에 벌어질 일을 확신하는 투였다.

"그럼 얼마나 좋겠냐! 만약 기회가 오면 난 절대 놓치지 않을 거야."

"네가 그러길 바라! 그리고……."

똑또기 말에서 따스함이 사라지고 차가운 기운이 풍겼다.

"지금 넌 아주 중요한 걸 놓치고 있어."

"중요한 것? 나는 나모태와 너에게서 배운 국어 공부법을 충실히 실천하고 있어. 국어뿐 아니라 다른 과목에도 응용하고 있는데 뭘 놓쳤다는 거야? 분명히 너한테 배운 10가지 국어 공부비법을 정확히 실천하고 있잖아!"

나는 강하게 반박했다.

"시험이 끝났어. 일주일이 지나는 동안 넌 뭘 했지?"

"해방감을 맛봤고, 놀기도 했지만 친구들보다 빨리 정신을 차리고 일상적인 공부를 소홀히 하지 않고 있었지. 그럼 대단한 거 아니야?"

나는 강력하게 나를 변호했다. 내가 봐도 나는 시험이 끝난 일주일 동안 예전과 다르게 너무나 성실했다.

"지난 시험 검토는 했어?"

"채점은 했지. 틀린 문제도 다시 봤고."

"문제 분석은?"

똑또기는 유난히 '분석'을 강조해서 발음했다.

"분석? 분석은 왜?"

"시험이 어떤 식으로 나오는지, 수업시간에 배웠던 지식이 문제와 어떤 관련이 있었는지, 네가 공부한 방식과 시험 문제의 연관성은 어땠는지, 선생님 출제 경향은 변화가 있었는지, 아니면 일관되는지, 뭐 이런 걸 분석했어야지."

난 얼이 빠졌다. 시험 공부하느라 그렇게 힘들었는데 시험을 다 보고 나서 시험 분석까지 해야 하다니 어처구니없는 충고로 들렸다.

"나는 시험의 노예가 아니야."

나는 노예란 단어를 똑또기 말투를 흉내 내어 유독 강조했다.

"누가 노예가 되라고 했니? 무슨 일을 하든지 마무리를 잘해야지. 시험이 끝나면 너희 학생들은 대부분 뭐가 맞았느니, 틀렸느니, 실수했느니, 찍었는데 맞았느니, 선생님 채점이 불공정하니 따위의 대화만 나눠. 그런 대화야 자연스럽지만 그러고 말면 다음 시험에 아무런 도움이 안 돼. 시험 마무리를 잘해야 다음 시험 준비도 잘하는 거야. 어떤 일의 끝은 곧 또 다른 일의 시작이야. 중간고사의 끝은 기말고사의 시작인 셈이지."

나는 마지막 말이 엄청 거슬렸지만 '어떤 일의 끝이 또 다른 일의 시작'이란 말에는 동의할 수밖에 없었다.

"평가는 하나의 과정을 마무리하고, 다음 과정을 잘하기 위해 반드시 거쳐야 해. 중간고사를 봤다면 일단 정확히 분석하고 평가해야지. 분석과 평가는 다음 시험의 밑거름이 되는 거야. 잘 봤으면 어떻게 해서 잘 봤는지, 부족하다면 어떤 점에 소홀했는지, 선생님 문제 출제 경향은 어땠는지 확인해야지. 그런 분석과 평가를 많이 하다 보면 시험을 예측하는 힘도 생기고, 스스로 공부하는 능력도 향상 돼."

맞는 말이었다.

"나모태는 그렇게 하냐?"

이 질문은 굳이 할 필요 없었다. 돌아올 답은 뻔했다.

"당연하지."

답변을 듣고 난 뒤에는 자존심이 상하고, 부럽고, 감탄한다. 늘 그렇듯이. 늘 확인하지만 나모태는 인간계 학생이 아니다. 나모태는 하루 빨리 이름을 바꿔야 한다. 나잘난으로!

핑계는 성적을 바꾸지 못한다

완전 큰일 났다. 오늘 국어 선생님이 그동안 나눠준 프린트를 검사할 테니 가져오라고 했는데 깜박 잊고 안 가져왔다. 어젯밤까지 분명 내일 학교 갈 때 챙겨야겠다고 생각했는데 왜 까먹었지? 설마 치매가 벌써 오는 걸까? 내 나이 겨우 열네 살에 치매가 올 리는 없으니 건망증인가? 아니다. 국어 선생님 탓이다. 국어 선생님이 별로 중요하지 않은 것처럼 말씀하셨기 때문이다. 국어 선생님이 강하게 말씀하셨다면 내가 절대 까먹을 리 없다. 프린트 검사가 중요하다면 몇 번을 말씀하셔야지 수업 끝나기 전에 지나가는 말로 툭 던지고 가셨으니 내가 아차 하는 순간에 까먹을 수밖에. 어휴, 그나저나 이걸 어쩌란 말이냐? 국어 시험 열심히 봐놓고, 검사 맡는 날 프린트 들고 오지 않아서 점수를 까먹다니……. 재수가 없으려면 뒤로 넘어져도 코가 깨진다더니 이게 무슨 왕재수람.

국어 선생님께 겨우 사정사정해서 내일 다시 검사 맡기로 했다. 물론 감점은 피할 수 없었다. 그래도 프린트 검사 점수를 빵점 맞는 최악의 사태는 피했으니 불행 중 다행이었다. 내일은 꼭 잊지 말아야지 다짐하고, 또 다짐했다.

다음 날 아침 몸이 살짝 안 좋은 탓에 늦잠을 잤다. 학교 갈 시간은 바쁘고, 학교는 빨리 가야하고, 이것저것 급히 챙겨서 정신없이 집을 나섰다. 학교로 서둘러 가는데 무언가 중요한 걸 빠뜨린 기분이 들었다. 나는 그냥 막연한 불안감이라고 여겼다. 그러다 학교 입구에서 나모태 얼굴을 보는 순간 내가 무얼 잊고 왔는지 기억해냈다. 국어 프린트!

이런! 도대체 왜 이러는 거지? 이틀 연속 까먹다니! 몸이 아프지만 않았어도 잊어버리지 않았을 텐데. 순간 미쳐버리는 줄 알았다. 어제 겨우 국어 선생님을 설득했는데……. 어휴, 하필 이럴 때 몸이 아파서 이 고생이람. 나는 다시 집에 뛰어 갈까 생각했지만 그러기에는 시간이 너무 빠듯했다. 하는 수 없이 엄마에게 전화를 걸어 부탁을 했다. 엄마는 한참 야단을 치신 뒤에야 겨우 무거운 발걸음을 옮기겠다고 약속하셨다.

그나마 국어가 1교시가 아니어서 다행이었다. 1교시 쉬는 시간에 엄마가 국어 프린트를 전해주셨고, 나는 국어 수업에 맞춰 검사를 맡았다. 선생님은 제출 날짜를 어겼으니 1점을 감점하겠다고 말씀하셨다. 그나마 1점만 깎인다니 천만다행이었다. 선생님은 더 정확하게 확인하고 나중에 돌려주겠다며 프린트를 가져가셨다.

그날 국어 수업 때 선생님은 글쓰기 숙제를 내셨다. 다음 주 월요일까지 독후감 한 편을 써오라는 숙제였다. 이번에는 잊지 말아야지 결심하고는 열심히 숙제를 했다. 일요일 늦은 밤까지 책과 씨름하며 겨우겨우 독후감을 완성했다. 그런데 너무 늦게 잤나 보다. 다음 날 또다시 늦잠을 잤고, 나는 허겁지겁 대문을 나섰다. 엘리베이터를 타고 1층에 도착한 뒤에 서둘러 공동현관문을 나서다 독후감을 챙기지 않았다는 사실을 깨달았다.

정신없이 공동현관문을 열고, 엘리베이터를 타고, 10층 우리 집까지 올라간 뒤에 부랴부랴 독후감을 챙겨서 가방에 넣었다.

"허이구, 잘하는 짓이다."

어느새 책가방에서 튀어나온 똑또기가 내 뒤통수에 대고 쏘아붙였다.

"바쁘니까 말 걸지 마!"

"어휴, 저 덜렁이!"

"어쩌다 늦잠 잤을 뿐이야. 바쁘다, 바빠!"

"그래도 자존심은 있어서 죽어도 자기 잘못은 인정 안 해요. 에라이!"

현관문을 열려고 하는데 똑또기가 뒤에서 날 확 밀어버렸다.

"뭐야!"

나는 예상치 못한 습격에 현관문에 이마를 강하게 부딪쳤다. 너무 아팠다.

"어휴 아파! 아, 진짜, 너!"

이마를 움켜쥐고 비틀거렸다.

그때 부드러운 기운이 내 다리를 감쌌고, 나는 모래성이 파도에 허물어지듯 스르르 무너져내렸다. 얼핏 냥냥이의 웃음이 스쳐 지나갔다.

★ 나보통과 나모태의 생활 들여다보기

요 며칠 동안 허겁지겁 지내다 실수하는 내 생활이 빠르게 지나간다. 국어 프린트뿐 아니라 학교에 챙겨갈 물건이나 숙제를 제대로 챙기지 않아서 몇 번이나 곤란을 겪는다. 1학기 때 내가 보인다. 역시 마찬가지로 챙겨가야 할 물건을 안 들고 가거나, 숙제할 날짜를 어겨서 곤란을 겪는다. 엄마와 약속을 잊어버려서 야단을 맞기도 한다.

잠들기 전 나모태의 방이다. 나모태는 잠깐 책을 보더니 메모지를 꺼내 이것저것 확인을 한다. 메모지에는 하루 일정이 빼곡히 적혀있다. 다음 날 일정도 확인을 한다. 다음 날 아침, 일어나서 씻고 난 뒤에 자기 방으로 돌아온 나모태는 메모를 보며 하루 일정을 잠시 확인한다. 해야 할 일이 새롭게 떠올랐는지 메모를 추가한다.

수업시간, 선생님이 과제를 내주면 메모를 한다. 학교생활 중에도 자신이 무언가 필요하다고 떠오르면 그때마다 메모를 한다. 메모 내용은 단순히 해야 할 일뿐이 아니다. 공부에 관한 질문, 자신이 궁금증이 생겨 탐구하고 싶은 과제도 적는다.

- 12일까지 독후감 쓰기
- 수학 56쪽 21번 문제, 질문하기.
- 포도당은 왜 에너지를 만들어낼까? 탐구해보기.
- 현석이에게 고맙다고 전화하기.

학교생활 내내, 친구들 만나서 놀 때, 집에서 공부할 때도 틈만 나면 메모를 하고 점검을 한다. 하루가 지나고 나니 하루 동안 했던 일이 가득하다. 잠들기 전에는 또다시 하루 일정을 확인하고 점검을 하고, 내일 계획을 세운다. 며칠을 지켜보는데, 단 하루도 빠지지 않고 계획과 점검을 한다. 몸에 밴 습관이다. 메모만 보면 나모태가 어떻게 사는지, 무슨 생각을 하는지 다 보인다.

덜렁대며 실수하는 나와 계획과 점검을 꼼꼼히 하는 나모태가 대비되어 빠른 화면으로 지나간다.

솔직히 진짜 쪽팔렸지만 나는 부족한 나를 인정하기 싫었다.

"이번에는 진짜 다 이유가 있었다고."

"이유는 무슨… 핑계일 뿐이지."

"핑계라니 그게 다……."

똑또기는 내 말꼬리를 자르고 들어왔다.

"처음에 선생님이 제대로 말씀해주시지 않아서라고 했어. 그럼 네 말은 네가 정확히 기억할 수 있도록 선생님이 여러 번 말씀하셔야 한다는 거네?"

"당연하지."

나는 말하면서도 뜨끔했다.

"꼭 너 같은 애들이 엄마가 늦게 깨워줘서, 엄마가 잔소리해서, 엄마가 분위기 망쳐서 시험 망쳤다고 죄 없는 엄마에게 화내는 거야. 공부는 자기가 안 해놓고 늘 엄마 핑계를 대. 공부는 자기가 하지 엄마가 하는 게 아닌데도 말이야. 그래 놓고 엄마가 간섭하면 간섭한다고 싫어해. 전부 자기 편한 대로만, 자기 유리하게만 생각하지. 네가 선생님 핑계 대는 것도 똑같아. 선생님 때문에 네가 잊은 거야, 아니면 네가 꼼꼼히 챙기지 않은 탓이야?"

나는 뭐라고 항의하려도 입을 다물었다. 계속 남 탓하려는 내가 부끄러웠다.

"그래도 그다음 날은 몸이 아팠다고."

"아프기야 아팠지. 그건 사실이야. 그리고 전날 밤에 미리 챙겨두지 않은 이유는 뭐야?"

"그거야……."

나는 원래 그다음 날 아침에 챙긴다는 말을 하려다가 입을 다물었다. 같잖은 핑계였기 때문이다.

"독후감도 마찬가지야. 이번에도 그 전날 늦게까지 숙제하다 잔 탓이니?"

"흠, 흠."

나는 괜한 헛기침을 했다.

"너 자신의 생활을 챙기지 못하는 이유를 여기저기에 떠넘기는 거야 물론 너의 자유지만, 그렇게 핑계를 댄다고 해서 너의 인생이 바뀌지는 않아. 남 원망하고, 상황 탓하고, 컨디션 탓하면 너 자신에게 죄책감은 안 생기겠지. 하지만 뭐가 바뀌? 앞으로도 계속 이래저래 실수하고, 해야 할 일 까먹고, 점수는 깎이겠지. 피해를 당하고 손해가 커지면 원망은 더욱 커지겠지. 다른 사람을 미워할 거고, 나는 왜 이렇게 재수가 없냐고 탓하겠지. 그렇게 해봐야 무슨 소용이지? 결국 네 인생은 늘 핑계만 가득할 거고, 넌 책임감 없이 아무것도 못하겠지. 무책임하고, 무능력한 인간으로 살아갈 거야."

무책임, 무능력한 인간이란 표현이 거슬리긴 했지만 맞는 지적이었다. 핑계를 대봐야 그 순간 책임감이 덜어지긴 하지만, 결국 손해는 내가 본다. 내 삶에서 본 손해는 결국 내가 감당하며 살아야 한다. 핑계를 대봐야 원망만 쌓이고, 내 삶은 아무런 변화가 없다는 지적에 동의할 수밖에 없었다.

"수행평가는 시시때때로 이루어져. 그 외에 다양한 과제, 준비물 등이 있지. 이런 걸 전부 꼼꼼하게 기억할 만한 능력이 있다면 메모가 필요 없어. 한 번 떠오른 궁금증이나 공부해야 할 과제를 계속 기억할 줄 안다면 메모가 필요 없어. 그러나 뛰어난 기억력이 없다면 메모가 필요해. 무엇보다 자기 삶을 계획하고 점검하는 습관이야 말로 성적뿐 아니라, 제대로 된 삶을 살기 위해서 반드시 필요한 자세지."

"알았어, 알았다고. 생활 계획을 짜고 점검을 하라는 말인데… 그거 늘 해보려고 시도해도 안 되던데."

어릴 때부터 생활계획표를 짜고 실패하기를 무수히 반복했다. 아마 지금 계획 짜기를 시작해도 나중에는 흐지부지 될 가능성이 높다.

"간절함이 부족하기 때문이지. 왜 필요한지 가슴 깊이 느끼지 못하면 작심삼일이 반복될 수밖에 없어."

간절함이라! 나에게 계획을 짜고, 점검을 해야 할 간절함이 있나? 지난날 내가 보내온 생활을 떠올려봤다. 초등학교 저학년 때부터 나는 무수히 많은 망각 속에서 살았다. 해오라는 숙제, 가져오라는 물건을 안 가져 간 적이 한두 번이 아니었고, 약속을 잊어버려서 친구들 원망을 듣기도 했고, 엄마 아빠에게 야단맞은 적도 꽤나 많았다. 덜렁덜렁, 대충대충 하는 성격 탓에 나는 해야 할 일을 자주 까먹었다.

"필요하긴…… 필요하네. 필요하지. 쩝!"

나는 깔끔하게 인정했다.

"그래도 쉽지 않을 거야."

나는 자신이 없었다. 진짜 솔직히 고백하건대 며칠 뒤에는 또다시 무계획에, 무점검의 삶으로 돌아갈 게 분명하다.

"필요성을 자꾸 되새겨. 그리고 처음부터 너무 무리하게 하지 말고 아주 간단한 수준에서 실천해. 처음에는 숙제나 과제만 적고 점검을 해. 그 다음에는 공부할 과목을 적거나 공부한 내용을 정리해. 그 뒤에 궁금증이 생기면 적고, 일상생활에서 할 일을 계획하고, 지나간 것들 중에서 인상적인 것을 점검하며 기록해. 이렇게 하나씩 늘려나가다 보면 어느새 몸에 밸 거야."

"천리 길도 한 걸음부터!"

"그렇지. 하나씩 하는 거야. 너무 완성된 형태로 하려는 욕심은 포기를 불러. 작은 것부터 하나씩 하다 보면 큰 변화가 생길 거야. 일단 작은 계획부터 세우고 꾸준히 해봐."

나는 '작은 계획'이란 말에 용기를 얻었다.

"그래 해볼게. 처음엔 학교에서 내주는 숙제나 과제, 학교에 가져갈 것 등을 적고 점검해볼게. 그 다음에 천천히 공부 쪽으로 확대하고, 그게 되면 호기심 영역, 생활 영역도 해봐야지. 아무튼 작은 계획부터 한다고 하니까 조금은 자신이 생긴다."

수행평가의 기본, 청결과 정리정돈

"그리고, 처음 널 볼 때부터 꼭 지적해주고 싶은 게 있었는데, 이 기회에 마저 지적할게."

"어떤 지적인데?"

"일단 이것부터 보고."

똑또기는 새로운 장면으로 날 이끌었다.

나보통과 나모태의 1학기 국어 수행평가

1학기 국어 수행평가 채점 결과가 보인다. 선생님은 내 교과서와 프린트가 지저분하다며 감점을 준다.

잠시 뒤, 시간을 건너 뛰어 얼마 전에 제출한 프린트를 보고 선생님이 점수를 매기는 장면이 보인다.

'글씨체가 깔끔하지 못함. 깨끗하게 쓰려고 노력하기 바람'

감점이 2점이다. 1점은 늦게 내서, 1점은 글씨체가 깔끔하지 못하다고 감점이다. 선생님이 평가한 글씨가 툭 튀어 나온다. '글씨체가 깔끔하지 못함'

그 옆에 나모태가 받은 평가 결과 보인다. 당연히 감점이 없다. 잘 쓴 글씨체는 아니지만 깔끔하다. 나와 나모태의 글씨체는 깔끔함의 정도가 차원이 다르다.

장면이 빠르게 바뀌더니 나모태의 방이다. 나모태는 보이지 않는다. 방이 깨끗하다. 무엇이 어디에 있는지 척 봐도 알기 쉽다. 잠시 뒤 나모태가 들어오더니 공부를 시작한다. 책을 수없이 꺼내고, 문제집과 노트, 연습장 필기구 등을 이곳저곳에 늘어놓는다. 책상 위가 난리도 아니다. 무언가 궁금증이 생기면 이런저런 자료를 조사하고, 혼자 고민하느라 책상은 더 지저분해진다.

나모태는 공부를 마친 뒤에 지저분한 책상 위를 깔끔하게 정리한다. 바닥에 떨어진 지우개 가루도 치우고 연습장도 정리한다. 공부를 마친 나모태의 방은 공부하기 전처럼 깔끔하다.

이번에는 내 방이다. 언뜻 봐도 지저분하고 정리정돈이 안 되어 있다. 잠시 뒤 내가 들어와 공부를 한다. 나모태처럼 여러 책을 꺼내놓지는 않으나 상당히 지저분하게 공부한다. 필요한 참고서를 찾기 위해 한참 헤맨다. 참고서 하나 찾으려고 몇 분을 소모한다. 연필이 부러진 뒤 연필깎이를 찾는 시간도 꽤 걸린다. 필요한 자료를 찾기 위해 책을 찾으려다가 너무 시간이 오래 걸리니 포기해버린다. 책이 너무 복잡하고, 마구잡이로 뒤섞여 있어서 빨리 찾아내지 못했기 때문이다.

공부를 마친 뒤 나는 책과 참고서를 대충 책상 옆에 쌓아둔다. 연습장은 한쪽으로 밀쳐두고, 지우개 가루는 신경도 안 쓴다. 내가 공부를 마치고 문을 열고 나간 방이 보인다. 방은 공부를 시작하기 전보다 더 지저분하다. 방 곳곳에는 쓰레기가 자리를 차지하고, 책과 노트, 문제집과 필기구 등이 방 이곳저곳에 어지럽게 놓여있다. 언제부터 그 자리에 놓았는지 모를 장난감과 장식품이 먼지를 살짝 뒤집어 쓴 채 지저분함을 더한다.

깨끗하게 정돈한 나모태의 방과 지저분한 내 방이 대비되어 나타난다. 평상시에는 별로 지저분한지 몰랐는데 이렇게 대비를 하고 보니 내 방이 얼마나 지저분한지 도드라져 보인다.

"아, 이런! 프린트가 뭐 어떻다고 감점이야? 늦게 내기만 했을 뿐 제대로 쓰고, 정리했는데 너무 하신 거 아니야?"

이건 정말 불만이었다. 글씨체가 못나서 지저분한 건 대책을 세울 수가 없다.

"이건 여학생들이랑 글씨 잘 쓰는 남학생이 유리하잖아. 글씨체 바꾸는 훈련이라도 해야 하나? 갑갑하네, 진짜!"

"글씨체를 훈련하겠다는 생각, 아주 좋아! 글씨체는 평생 가니까. 그렇지만 네가 감점을 당한 이유는 글씨체 때문이 아니야. 깔끔함이 부족했기 때문이지. 더 정확하게는 넌 너무 성의 없이 글씨를 써."

"성의가 없다니 무슨 소리야? 난 열심히 썼다고."

나는 강하게 따지고 들었다.

"네 글씨체가 좋지는 않아. 그렇다고 못 알아볼 만큼 못난 글씨체도 아니야. 그런데 넌 교과서든 프린트든 깔끔하게 쓰지 않는단 말이야. 교과서에 메모는 열심히 하는데 무언가 깔끔하지 못하고, 프린트도 마찬가지야. 글씨가 삐뚤삐뚤하고 무언가 정돈된 느낌이 들지 않아."

"그거야……."

내가 핑계를 대려고 하는데 똑또기는 그런 기회조차 주지 않았다.

"너는 교과서와 프린트만 깔끔하지 못한 게 아니야. 방안도 지저분하고, 가방도 지저분하고, 옷장도 지저분해. 밥을 먹고 나면 밥 먹은 자리도 지저분하고, 과자를 먹고 나면 과자 먹은 자리도 지저분해. 그 어떤 곳을 이용하든, 그 무엇을 하든 넌 무언가 어설프고, 지저분하고, 깔끔하게 정리하거나 마무리하지 못해."

마치 엄마가 눈앞에 재림한 것 같았다. 몇 년 동안 엄마에게 들었던 잔소리와 똑같았다.

"원래 성격이 그런 걸 어쩌라고?"

"그건 성격이 아니야. 습관이지."

나는 '습관'이란 단어에 말문이 막혔다.

"아주 말끔하게, 빛이 번쩍번쩍 하도록, 흐트러짐 하나 없이 정리정돈하고 청소하란 말이 아니야. 네가 생활하는 공간을 지저분하지 않게, 언뜻 보기에 깔끔하다 싶을 정도로는 정리하고 살아야 해. 양말 아무데나 벗어놓고, 참고서 이곳저곳에 꽂아 두고, 연필은 책상 밑에 굴러다니고, 몇 년 전 잊어버린 카드가 침대 밑에서 나오고, 음식을 먹으면 먹은 흔적을 꼭 주위에 남기고, 프린트에 글씨를 쓸 때 꼭 지저분한 흔적을 남기고, 교과서에 메모를 해도 어지럽게 하고……. 이 모든 게 일맥상통해."

"일맥상통?"

"서로 비슷한 현상이며, 같은 이유 때문이라고."

"아! 일맥상통! 그래, 그래, 그런 뜻이구나."

"지금 그 단어 뜻이 중요한 게 아니잖아."

똑또기가 언성을 높였다.

"알아들었다고."

나는 시무룩하게 대꾸했다.

"그 반응, 꼭 엄마에게 건성으로 대답할 때와 똑같아."

"에이, 참!"

순간적으로 나는 엄마에게 하듯이 신경질을 낼 뻔했다.

"정리정돈을 강박적으로 하란 말이 아니야. 생활을 깔끔하게 꾸리라는 뜻이지. 정리정돈은 자기 삶을 관리하는 습관이야. 정확하게는 자기 삶을 관리하는 힘이요, 능력이지."

삶을 꾸려가는 힘이란 말에 뜨끔했다. 정리정돈이 갑자기 인생에서 아주 중요한 능력처럼 다가왔기 때문이다.

"요즘 학생들은 일머리가 없어."

"자… 잠깐, 일머리가 뭐야?"

"어휴, 어휘력 하고는……, 일을 할 줄 아는 머리가 없다는 말이야."

"아, 아! 그래!"

"학교에서 하는 공부 말고, 무언가 일을 해야 할 때, 어떤 특별한 프로젝트를 진행할 때, 물건을 사야 할 때, 청소를 해야 할 때 필요한 머리가 일머리야. 일머리는 나중에 직장에 다니거나 직업 생활을 할 때 굉장히 중요해. 아무리 공부를 잘해도 일머리가 없으면 일을 제대로 할 줄 모르거든. 그런 사람은 지식을 습득하는 머리는 좋지만, 일을 처리하는 능력이 부족하기 때문에 직장생활을 제대로 하기 힘들지."

"일머리가 그렇게 중요한 건가?"

"그럼 중요하지. 일머리란 자기에게 주어진 일상적인 과제를 처리하는 과정에서 생겨. 넌 너의 삶을 꾸려나가는 능력이 부족하니 어른이 돼서도 일상의 삶을 제대로 꾸려나가지 못할 가능성이 높아. 수행평가가 뭐냐? 무언가를 수행하는 능력을 평가하는 거잖아. 즉 일머리가 얼마나 되느냐를 평가하는 것이 수행평가의 목적이야. 지식을 받아들이는 능력이 아니라, 생활을 꾸리고, 어떤 과제를 이끌어서 완성하는 힘이 있는지 측정하는 것이 수행평가야. 넌 글씨체 하나 때문에 감점을 당했다고 투덜거리지만, 사실 넌 무언가를 깔끔하게 처리하고, 정리하는 능력이 부족해서 감점을 당했던 거야. 그걸 인정하라고!"

똑또기의 말을 다 듣고 나니 입맛이 씁쓸했다. 엄마의 잔소리를 대충 무시하고 넘어가 버렸는데 똑또기의 말은 무시하고 넘어갈 수가 없었다. 내 작은 습관이 수행평가 성적뿐 아니라 내 인생 전체와 연결되어 있다고 하니 엄청 큰일로 다가왔다.

"원래 작은 습관의 차이가 큰 결과의 차이로 이어지는 거야. 나비의 날개 짓이~."

"바다 건너 나라에 태풍을 만들 수도 있어. 나비효과라고 하지."

"잘 아네. 작은 습관이 네 인생에 큰 영향을 끼칠 거야. 이제부터라도 너의 주변 공간부터 청소를 깔끔하게 해. 네가 지나치는 곳에 지저분한 흔적 말고 아름다운 흔적을 남겨. 글씨를 쓸 때 잘 쓰지는 못해도 깔끔하게 쓰기 위해 노력하고, 어떤 일을 하면 깔끔하게 마무리하려고 노력해봐. 작은 일을 할 때도 정성을 기울여. 그게 삶을 충실하게 사는 방법이고, 수행평가 점수도 잘 받는 방법이고, 인생을 성공으로 이끄는 핵심적인 비법이야."

* * *

눈을 뜨니 학교, 내 자리였다. 나는 분명 현관문에 부딪쳐 정신을 잃었는데 교실의 내 자리에 와있다니 영문을 알 수가 없었다. 이마를 만졌다. 살짝 부어있었고 아픔도 상당했다. 주위를 살펴보니 1교시 국어 수업 시작 전이었다. 나는 얼른 가방을 확인했다. 어제 밤늦게까지 고생하며 쓴 독후감은 안전하게 있었다. 독후감을 확인한 뒤에는 똑또기를 찾았다. 찾으면 똑또기 얼굴에 심각한 낙서를 해서 단단히 복수해주려고 별렀다. 가방을 이 잡듯이 뒤졌지만 똑또기는 보이지 않았다. 아마 내 복수가 무서워 미리 도망친 게 분명했다. 나중에라도 잡히기만 해봐라……. 나는 이를 부득부득 갈았다.

복수심에 불탔지만 내가 해야 할 일을 잊지는 않았다. 조금 전에 배웠던 공부법을 정리하기로 했다. 수업시간이 곧 시작되므로 서둘렀지만, 최대한 깔끔하게 적으려고 정성을 기울였다.

깔끔한 정리정돈과 메모로 생활과 공부를 정리하라

수행평가는 일상적으로 이루어지고, 과제를 수행하는 형태가 많으므로 점수에 큰 영향을 끼친다. 수행평가는 생활과 공부를 결합한 시험이다. 일상생활을 계획적이고, 깔끔하게 꾸려나가는 힘이 뒷받침되어야 수행평가에서 실패하지 않는다.

첫째, 일상생활을 계획적으로 꾸려 나간다.

자신이 해야 할 일을 메모하고, 했던 일은 꼼꼼히 점검한다. 처음부터 무리하게 계획을 세우지 말고 작은 것부터 하나씩 계획을 세우고 점검하는 습관을 들인다. 그 다음에 차근차근 다양한 분야로 넓혀서 생활 전체를 계획적으로 만든다.

둘째, 생활공간을 깔끔하게 정리하고, 무엇을 하든지 정성을 다한다.

수행평가는 어떤 과제를 수행하는 능력을 평가하는 것으로 일머리가 좋아야 좋은 성적을 얻을 수 있다. 일머리는 인생의 성공과 실패를 가를 수 있을 정도로 살아가는 데 꼭 필요한 능력이다. 주변을 깔끔하게 정리해서 내가 지나간 곳에 아름다운 흔적을 남기려고 애 쓴다. 글씨도 깔끔하게 쓰려고 노력하고, 작은 일도 정성을 기울인다. 작은 정성과 성실함이 쌓여 성적이 오르고 인생이 바뀐다. 습관이 성적이고, 운명이다.

02
글쓰기와 발표,
해보지 않고 잘하는 사람은 없다

나는 아픈 이마를 문지르며 수업 준비를 했다. 그때 문뜩 당황해서 어쩔 줄 모르는 하권팔이 눈에 들어왔다. 평소 같으면 수업을 시작하든 말든 신경 안 쓰고 학원 숙제를 하고 있을 하권팔이었는데 오늘은 달랐다. 뭐가 잘못됐는지 뒤졌던 가방을 또다시 뒤지고, 책상 안을 쳐다보고, 멍하니 위를 바라보기를 반복했다.

'학원 문제집 하나 때문에 저렇게 불안해하다니 진짜 불쌍하네'

나는 속으로 혀를 차고는 수업 준비를 했다. 1교시가 국어여서 제출할 독후감도 미리 꺼내놓았다.

"월요일에 제출 안 하면 추가 제출은 받지 않고, 0점 처리할 거니까 알아서 해!"

지난 번 숙제를 내줄 때 국어 선생님은 이렇게 협박 아닌 협박을 하셨다. 나는 내 이름이 선명한 독후감을 보며 흐뭇하게 웃었다. 잊지 않고 가져온 나 자신이 너무 기특해서, 앞으로 성실하게 내 삶을 챙기겠노라 굳게 다짐하기도 했다.

수업 시작 3분 전, 여전히 하권팔은 불안해 보였다. 나는 하권팔이 보이는 불안감이 평소와 다른 차원임을 직감적으로 알아차렸다. 내 관심을 냉정하게 거절하지 않을까 염려되어 잠시 망설였지만, 이내 고개를 세차게 흔들고는 자리에서 일어섰다. 도와야 한다는 의지가 거절당할지 모른다는 두려움보다 컸기 때문이다.

"야, 하권팔, 왜 그러냐?"

내가 조심스럽게 말을 건넸지만 하권팔은 내게 신경도 쓰지 않았다. 역시 말을 걸지 말아야 했다. 돌아갈까 하다가 '한 번만 더!' 하며 돌아가려는 발을 붙잡았다.

"학원 문제집이라도 놓고 온 거냐?"

이번에도 하권팔의 대답은 돌아오지 않았다. 그 대신 텅 빈 눈동자가 나를 향했다. 깊고 거대한 구멍에 빠지기 직전의 눈빛이었다. 뭔가 큰일이 났구나!

"야, 정신 차려! 도대체 왜 그러는데?"

"독후감!"

세 글자 발음에 절망에 묻어났다.

"독후감이라니?"

"독후감을… 안 썼어. 그럼 0점이잖아. 수행평가 0점이면……."

겨우 그 정도로 이러냐고 말하려다 하권팔의 공허한 눈빛과 불안이 가득 담긴 입술을 보고는 말을 집어삼켰다. 집과 학원에서 하권팔이 받는 스트레스를 떠올리니 독후감을 내지 않아 받을 감점에 벌벌 떠는 하권팔의 애처로운 처지가 안타까웠다. 쓰지도 않은 독후감을 찾느라 가방과 책상을 뒤지다니, 정말 안쓰러웠다.

"학원 숙제와 문제집에 정신이 팔려 독후감 쓰는 걸 깜박했어. 나 어떻게 하냐?"

나는 그냥 위로의 말을 전하려다 똑또기가 예언처럼 했던 말이 떠올랐다.

똑또기가 "기회가 왔을 때 놓치지 마!" 하고 말했을 때 나는 "기회가 오면 놓치지 않아." 하고 분명하게 대답했다.

지금이 똑또기가 말한 그 기회일까? 지금 내가 도움의 손길을 내밀어야 할까? 확신하기 쉽지 않았다. 다만 하얗게 질린 권팔이의 낯빛을 외면하기 어렵다는 사실만은 분명했다. 그렇다고 내 독후감을 권팔이에게 주고 내 성적을 포기해야 한단 말인가? 독후감을 제출하지 않으면 수행평가 점수가 장난 아니게 깎인다. 모처럼 내 성적을 보고 기뻐하시던 엄마에게 큰 실망을 안겨드릴지도 모른다.

"기회가 왔을 때 놓치지 마!"

"난 기회가 오면 놓치지 않아."

과거에 내뱉었던 내 말이 내 양심을 찔렀다. 내 점수를 위해 친구를 외면하고 싶지 않았다. 내게는 성적보다 양심이 중요했다. 성적은 남 앞에서 부끄러울 뿐이지만, 양심은 내 자신에게 부끄럽다. 남들은 몰라도 나는 나를 안다. 그 누구보다 나 자신에게 떳떳해야 한다. 내가 떳떳하려면 이 순간 권팔이의 괴로움을 못 본 척 지나치면 안 된다. 내 친구 권팔이를 도와야 한다. 아니, 돕기로 선택했다.

결심을 굳힌 나는 내 책상으로 얼른 와서 독후감을 집어 들었다. 그때 어느

새 다가왔는지 다혜가 내 손목을 움켜쥐었다. 나와 다혜의 눈빛이 허공에서 서로 얽혔다.

'그러지 마! 너만 손해야! 하지 마'

다혜는 눈빛으로 이렇게 말했다.

'안 돼! 권팔이는 내 친구야. 이럴 때 도와야지 언제 돕냐?'

'네가 보는 손해는? 너 정말 열심히 해서 성적 올렸는데, 이거 0점 처리되면 그냥 옛날 점수로 돌아가잖아'

'나야, 원래 중간이었잖아. 손해볼 거 없어'

"나보통!"

다혜는 진심으로 날 걱정했다.

"고마워."

다혜는 슬며시 내 손을 놓았다. 나는 내가 쓴 독후감뿐 아니라 빈 원고지도 챙겼다. 선생님이 내 글씨체를 알아볼까 봐 걱정했기 때문이다. 하권팔에게 내 독후감과 원고지를 내밀었다.

"내 독후감 그대로 내지는 말고 수업시간에 베껴. 너 선생님 몰래 하기 잘하지?"

'너는?' 하며 권팔이가 눈빛으로 걱정했다.

"나야 원래 이런 거 자주 까먹잖아. 선생님도 이해하실 거야. 내 걱정은 말고 너나 잘 챙겨."

나는 가벼운 걸음으로 자리에 돌아왔다. 곧이어 선생님이 들어오고 수업을 시작하셨다. 권팔이는 한동안 복잡한 표정으로 나를 보더니 정신을 수습하곤 얼른 독후감을 베꼈다. 내 이름까지 베끼지는 않겠지. 에이, 권팔이가 설마 그런

초보적인 실수를 하려고.

＊ ＊ ＊

쉬는 시간, 나는 잠깐 짬을 내어 운동장 주변을 걸었다. 똑또기는 내 품 속에 있었다.

"오늘이 너를 돕기 시작한 뒤로 가장 뿌듯한 날이야. 네가 국어 성적이 크게 올랐을 때보다, 네가 스스로 공부하는 힘을 기를 때보다, 하나를 설명했는데 둘을 알아들었을 때보다 훨씬 기뻐. 힘들게 너를 돕는 보람을 느낀다."

똑또기의 칭찬에 기분은 좋았지만 그런 내색은 전혀 하지 않았다. 칭찬받으려고 한 일이 아니기 때문이다. 나는 내 친구를 걱정했고, 돕고 싶었고, 쪽팔리기 싫었다. 그게 전부다.

"권팔이를 돕기 위해 내가 쓴 독후감을 주기는 했지만 진짜 도움인지는 모르겠어."

"그게 무슨 소리야? 너는 진심으로 친구를 도왔어. 그 마음이면 충분해. 넌 양심에 따라 행동했고, 권팔이도 무언가 크게 느꼈을 거야."

"그런 뜻이 아니야."

나는 제자리에 멈춰 섰다.

"내가 독후감을 제대로 썼는지 확신이 들지 않기 때문이야. 솔직히 권팔이가 내가 쓴 독후감을 베끼면서 나를 비웃었을지도 몰라. 워낙 못 써서 말이야. 야! 너한테 진짜 물어보고 싶은 게 있는데……."

"뭔데?"

"어떻게 하면 독후감을 잘 쓰냐? 독후감뿐 아니야. 논술 쓰기는 더욱 힘들어. 논술문을 써오라고 하면 돌아버릴 지경이야."

"궁금해?"

"응."

"그럼, 500원…은 아니고… 궁금하면 넘어져!"

"뭐?"

"넘어지라고. 넘어지면 알려줄게."

"으이구! 또 뒤로 넘어지라고? 그냥 하면 안 되냐?"

"응. 안 돼."

"어휴, 이 짓을 언제까지 해야 되냐."

"이게 마지막일걸."

"진짜?"

나는 더 이상 두려움에 떨며 뒤로 넘어지거나, 부딪쳐서 정신을 잃지 않아도 된다는 생각에 반갑기만 했다. '마지막'이란 말이 무슨 뜻인지 그 순간에는 제대로 이해하지 못했다. 나는 일부러 모래밭을 찾았다. 그리고 한 치의 망설임 없이 그대로 뒤로 넘어졌다. 냥냥이처럼 생긴 구름이 나를 향해 미소 지었다.

독후감은 쓰기가 아니라 읽기가 문제다

★ 나모태의 읽기 습관

나모태가 책을 읽는다. 나모태가 책을 읽는 거야 여러 번 봤고, 책읽기가 무슨 특별한 비법도 아니기 때문에 나는 무슨 영문이지 몰라 어안이 벙벙하다. 눈이 저절로 나모태에게 가까이 다가간다. 나모태는 연필을 들고 있다. 책을 읽다가 종종 밑줄을 긋고, 메모도 하고, 멋진 문장은 그대로 옮겨 적는다.

나모태가 잠깐 책을 놓고 밖으로 나간다. 책장이 저절로 넘어가며 나모태가 남긴 흔적을 보여준다. 숱한 메모와 밑줄로 가득하다. 메모와 밑줄이 심한 곳은 마치 국어 교과서처럼 빼곡하다.

책을 다 읽은 나모태가 독후감 쓰기를 준비한다. 일단 자신이 남긴 메모와 밑줄을 다시 읽는다. 그 중 몇 군데에 포스트잇을 붙인다. 메모와 밑줄을 끝까지 다 확인한 뒤에는 포스트잇 붙인 곳만을 다시 읽는다. 포스트잇 붙인 곳에 있는 글과 메모를 정리한다. 마치 교과서 핵심 정리처럼 보인다.

핵심을 정리한 뒤에는 핵심과 관련한 자기 생각이나 경험을 별도로 메모한다. 책 내용과 자기 생각과 경험을 엮어서 글을 쓴다. 일단 연습장에 멈추지 않고 쭉 쓴다. 다 쓴 뒤에 한 번 읽어보더니 몇 군데 수정을 한 다음, 원고지에 옮겨 적는다. 글쓰기 시작한지 얼마 되지도 않았는데 벌써 독후감 숙제를 끝낸다. 독후감을 쓰기 시작해서 완성하기까지 30여분밖에 걸리지 않는다.

"아니 나모태는 책을 깨끗이 봐야 한다고 안 배웠나? 책에 대한 예의가 없네."

처음으로 나모태가 나보다 못한 점을 발견하곤 우쭐했다. 우월감은 기쁨을 준다. 특히 나모태 같은 엄친아보다 잘난 면을 발견할 때의 기쁨은 아주 크다.

"엉뚱한 지적이야."

"엉뚱하다니? 책은 깨끗이 읽어야지."

"그건 도서관에서 빌리거나 다른 사람 책을 빌려 읽을 때 얘기지."

"책은 깨끗하게 읽으라고 유치원 때부터 배웠어. 그럼 그 선생님들이 전부 잘못 가르쳐줬단 말이야?"

"책을 깨끗이 읽으라는 말은 낙서를 하지 말라는 뜻이지, 책에 아무런 표시도 하지 말라는 말이 아니야. 네 말대로라면 너는 교과서에 잔뜩 메모하고 밑줄을 그었으니 교과서에 대한 예의가 없는 거네."

"내 참, 교과서가 책하고 같냐?"

"교과서는 책 아닌가?"

"교과서는 교과서지."

"교과서도 하나의 책일 뿐이야."

교과서도 하나의 책이라는 말에 나는 조금 충격을 받았다. 단단한 고정관념 하나가 깨져나갔다.

"나모태는 교과서를 읽을 때나 일반 책을 읽을 때나 같은 태도를 취해. 물론 교과서를 더 많이 읽고, 더 깊이 분석하고, 교과서에 더 많이 메모를 남겨. 그러나 기본 태도는 교과서나 일반 책이나 똑같아. 자기 힘으로 책을 읽고, 필요한 부분에 메모하고, 자기와 연결하며 사색하지."

"흠, 내가 지금까지 완전 잘못 배운 건가?"

"잘못 배웠다기보다 착각한 거지. 교과서를 읽을 때 자세와 독서하는 자세가 다를 이유가 없어. 일반 책을 읽든, 교과서를 읽든 글에 푹 빠져서 깊이 생각하고, 자기와 연결하며 읽어야 해. 소설을 읽을 때는 오감상상력 재생기를 동원하고, 논리적인 글을 읽을 때는 주장과 근거를 깊이 따져가며 읽고, 설명하는 글을 읽을 때는 설명하는 지식에 집중하고, 수필을 읽을 때는 글쓴이의 경험에 공감하거나 내 경험을 떠올리며 읽어야지. 글을 읽는 자세는 늘 동일해."

나는 지금까지 내 독서습관을 되돌아봤다. 그냥 재미있는 책만 읽으려 하고, 조금이라도 고민하게 하거나 어려우면 한두 쪽 읽고 포기해버렸던 나였다. 엄마가 억지로 시켜서 읽은 적이 있기는 하지만 읽어봤자 남는 게 없었다.

"독후감은 깊이 책을 읽고 난 뒤에 자연스럽게 나오는 결과물이야."

"독후감이 책 읽기의 결과물이라니 정말 의외의 답변이다. 나는 늘 억지로 독후감을 썼는데."

"책을 제대로 읽으면 무언가 인상 깊은 부분이 있기 마련이야. 인상이 깊은 이유가 있을 거고, 네 생각이나 느낌이 있겠지. 이것들을 한 데로 모으면 바로 독후감이야."

"아! 그러니까 내가 독후감 쓰기를 힘들어했던 이유는 책을 제대로 안 읽은 탓이네. 만약 내가 책을 읽으면서 인상 깊은 부분에 표시를 하고, 깊이 생각하고, 그때그때 들었던 느낌을 메모해두었다면 독후감 쓰기는 아주 쉬워지겠구나. 조금 거칠게 말하면 내가 책을 읽으면서 남겨두었던 흔적을 모으기만 하면 독후감이 되는 거였어! 그래서 나모태가……"

나모태는 책을 꼼꼼하게 읽은 뒤 자신이 표시한 곳만을 또 읽었다. 표시한 곳 중에서 중요하다는 판단이 드는 곳에 포스트잇을 붙였다. 독후감을 쓸 때는 포스트잇 붙인 부분을 정리하면서 자기 생각이나 경험을 덧붙이자 독후감 쓰기가 끝났다. 독후감 쓸 때마다 책을 대충 베끼거나, 없는 느낌 쥐어짜느라 머리카락을 움켜쥐었던 나와는 정말 달랐다.

나는 나모태가 쓴 독후감이 궁금했다. 지금껏 한 번도 나모태가 쓴 독후감을 읽은 적이 없다. 깊이 있게 책을 읽은 나모태는 어떤 식으로 독후감을 썼을까?

"몇 개만 살짝 보여줄게."

똑또기가 보여준 독후감을 몇 개 읽었다.

첫 번째 독후감은 편지 형식이었다. 글을 쓴 작가에게 보내는 편지였는데 책에서 받은 인상 깊은 부분을 거론하면서 자신의 느낌과 생각을 전했다.

두 번째 독후감은 인터뷰 형식이었다. 소설 속 주인공이 인터뷰 대상이었는데 인터뷰에서 오고간 질문과 답변은 책 내용이 주를 이루었고, 책을 읽으며 나모태가 들었던 궁금증을 묻고 답하는 형식이었다.

세 번째 독후감은 전형적인 독후감이었다. 책을 읽게 된 동기와 줄거리를 소개하고 줄거리에 따른 느낌을 담았다. 특별한 독후감은 아니었다.

네 번째 독후감은 특별했다. 소설 속에 나오는 인물 세 명을 철저히 분석했다. 인물이 보여준 행동이나 생각을 소개하고 그걸 바탕으로 자기 나름의 분석을 덧붙였다.

다섯 번째 독후감은 논술문이었다. 책에 담긴 주제와 논리를 소개한 뒤에 자신이 동의하는 주장은 더욱 지지하고, 그렇지 않은 주장은 반박하는 형식이었다.

여섯 번째 독후감은 정말 어려웠다. 어려운 철학적 주제를 풀었는데 출발은 책에서 읽은 단 하나의 문장이었다. 다른 책 내용은 하나도 다루지 않고, 단 한 개의 문장을 출발점으로 삼아 철학적인 이야기를 풀어냈는데, 나모태를 별로 좋아하지 않는 나조차 감탄할 만한 수준이었다.

"보고 뭘 느꼈니?"

"대단하고, 대단하고, 대단하다! 어쩜 이렇게 다양한 형식으로 쓰는지 놀라워, 문장력도 정말 뛰어나. 글이 다룬 주제도 정말 깊어. 나와는 차원이 다르네."

또다시 나모태가 엄친아임을 확인하니 씁쓸했다. 이 녀석의 한계는 어디까지일까? 정말 모르겠다. 사람이 이렇게 완벽해도 되는 걸까?

내 좌절을 아는지 모르는지 똑또기는 나에게 계속 질문을 던졌다.

"혹시 무언가 공통점을 찾아내지 못했니?"

"글쎄, 형식이 다 달라서 공통점이 안 보이던데."

나모태가 쓴 여섯 편의 독후감을 다시 읽었다. 똑또기는 조용히 날 지켜보기만 했다. 지금은 그 누구의 도움도 받지 않고 오직 내 힘으로 정답을 찾아내야 할 때였다.

형식이 다 달랐기에 공통점을 발견하기는 어려웠다. 그러다 무언가 같은 분위기가 다가왔다. 똑 떨어지게 정리하기는 어렵지만 분명 뭔가 있었다. 꼼꼼하게 다시 읽었다. 교과서를 분석하듯이 하나씩 짚어가며 읽었다.

"알아냈어. 음, 형식은 달라! 그러나 모든 독후감이 책 내용 더하기 자기 생각 또는 경험이야. 책과 나의 결합! 그러니까 독후감 = 책 + 나!"

"빙고! 독후감 = 책 + 나. 멋진 공식이지. 자세히 설명해볼래."

"독후감은 책을 읽고 느낀 감정이나 생각이야. 책을 읽고 무슨 생각이 든다면 내게 무슨 생각인가를 들게 해주는 책 속의 그 무언가가 있을 거야. 나에게 생각을 준 무언가와 그 무언가가 준 생각을 연결해서 쓰면 독후감이야. 그게 모든 독후감에 일관되게 나타나 있어."

"그래서 내가 독후감은 쓰기가 아니라 읽기라고 한 거야. 제대로 책을 읽으면 독후감 쓰기는 전혀 어렵지 않지. 독후감 쓰기가 어렵다면 책을 제대로 안 읽은 탓이야."

"그래서 나모태가 그렇게 책을 꼼꼼하게, 깊이 읽는 구나."

"물론 나모태처럼 읽으면 독후감을 잘 써. 그러나 나모태가 꼭 독후감을 쓰기 위해서 깊이 있는 책읽기를 하는 건 아니야. 어떤 책을 읽든 책을 통해 배움을 얻으려 하기 때문이지. 책을 읽는 마음가짐이 다른 거야."

마음가짐이란 말에 재미없으면 책을 안 읽으려고 했던 내가 떠올랐다. 오직 재미있는 책만 읽었고, 재미없는 책은 읽을 가치가 없다고 믿었는데, 내 마음가짐은 정말 글러먹었다.

"그렇다고 재미있는 책이 나쁜 책은 아니야. 재미있는 책을 읽고 싶은 마음이 완전히 잘못된 것도 아니고."

"나도 알아. 재미를 위한 책도 좋은 책이지. 문제는 내가 재미만을 좇았다는 거겠지."

"잘 아네. 그리고 진짜 재미는 배우는 재미야. 궁금증이 채워질 때, 지적호기심을 채울 때, 인생의 지혜를 배울 때야말로 배우는 재미가 생기지."

나는 지금까지 독후감을 쓰라고 하면 '읽게 된 동기 + 줄거리 + 억지 감상' 형식으로만 썼다. 어릴 때부터 독후감은 꼭 그런 형식으로만 써야 하는 줄 알았다. 그러나 읽게 된 동기가 특별하지 않다면 굳이 쓸 이유가 없다. 또한 줄거리에서 깊은 감흥을 받은 게 아니라면 줄거리를 늘어놓을 필요도 없다. 없는 감상을 쥐어 짜낼 필요도 없다. 이런 형식은 꼭 필요한 경우가 아니라면 굳이 필요 없다. 독후감 형식은 다양하고, 내용은 내 자유다. 책이 내게 말을 걸면, 나도 책에 말을 걸고, 둘이 나눈 대화를 모아놓으면 그게 바로 독후감이다.

논술, 두 가지 형식만 익히면 충분하다

에피소드 37

★나모태의 논술 공부법

나모태가 논술 숙제를 한다. 논술 주제는 '스마트폰 압수 벌칙은 필요한가?'이다. 이건 1학기 수행평가 문제였다. 나는 그때 C를 맞았는데 나모태는 당연히 A였다. 나모태가 어떻게 써서 A를 맞았는지 확인하고 싶은 욕구가 내 속에서 강하게 일어난다.

나모태는 논술 주제를 읽고 한참 고민하더니 표를 만든다.

주제 스마트폰 압수 벌칙은 필요한가?

압수 벌칙이 필요	압수 벌칙에 반대
벌칙 효과가 확실함. 스마트폰 빼앗기는 걸 가장 두려워함. 큰 벌을 받아야 큰 잘못을 하지 않음.	반발심이 아주 심함. 스마트폰 벌칙은 가장 가혹함. 반발심이 심하면 벌칙 효과가 떨어짐.

요즘 학생들은 선생님 말을 잘 듣지 않음.	근본적인 문제 해결 방법이 아님.
체벌을 못 하니 다른 방법이 없음.	통제는 안 좋음, 진실한 관계가 우선임.
체벌 금지가 바람직함.	스스로 잘못을 인정하는 게 중요함.
학생 통제 수단이 없음.	벌이 아니라 반성이 필요함.
↳ 벌칙 효과는 큼. 　부작용이 만만치 않음.	↳ 바람직한 방향 　원칙은 좋으나 실현 가능할까?

의견을 둘로 다 정리한 나모태는 한참 고민하더니 '스마트폰 압수 벌칙 반
대'에 별표를 한다. 그러고는 다음과 같이 쓴다.

★ 어려워도 옳은 방향을 선택해야 제대로 된 교육이다.

나도 나모태와 같은 의견이었다. 그러나 나모태와 같은 표를 만들지는 않
았다. 그냥 스마트폰 압수가 나쁘다고 계속 강조했고, 스마트폰을 압수당하면
얼마나 기분이 나쁜지, 얼마나 억울한지만 나열했다. 나모태는 논술문을 쓰는
준비 단계부터 나와 차원이 다르다.

나모태는 표를 완성한 뒤에 글 전체 틀을 대략 짠다.

서론	왜 이런 문제가 논란이 되는지 현상을 보여주기 (문제 제기)
본론 1	스마트폰 압수 벌칙이 부당하다는 점 보여주기 (내 의견)
본론 2	스마트폰 압수 벌칙에 찬성하는 의견 다루기 (반대 의견)
본론 3	찬성하는 의견에 재반박하기 (반대 의견 반박)
결론	어려워도 옳은 방향을 택해야 함을 강조 (교육의 핵심 원리 제시)

그러고는 바로 거리낌 없이, 머리를 쥐어짜지 않고 일필휘지로 처음부터 끝까지 논술문을 완성한다. 다 완성한 뒤에 몇 군데 수정을 하고는 원고지에 깔끔하게 옮겨 쓴다. 다 쓴 논술문을 읽어본 나는 감탄을 한다.

자기 의견만 고집하지 않고 반대 의견을 다루고, 그걸 다시 반박한 점이 돋보인다. 마지막으로 교육의 핵심 원리를 제시한 건 압권이다. 이런 식으로 교육의 원리를 제시하니 글이 정말 뛰어나 보인다. 반대한다는 문장을 몇 번이고 반복하고, 끝에 가서는 해도 그만, 안 해도 그만인 문장을 덕지덕지 덧붙인 내 글과는 차원이 다르다.

* * *

나모태가 또다시 논술을 쓴다. 이번 주제는 '학교 왕따 해결 방안'이다. 이 주제는 내가 쓴 적이 없다. 외부 논술 대회 참가할 대표자를 뽑기 위한 논술 쓰기 과제였는데, 나는 참가할 의사도 없고, 능력도 안 됐기 때문에 시도조차 안했다.

또다시 나모태는 표를 만든다.

주제 학교 왕따 해결 방안

현상	요즘은 찐따란 말을 많이 씀. 한 그룹에서 소외되면 전따가 되는 경우가 많음.
문제점	왕따 당하는 사람 - 학교 생활이 너무 힘듦.

	– 인성이 파괴되고 큰 상처를 입음. – 심하면 자해, 자살까지 시도함. 왕따시키는 학생들 – 괴롭히는 학생도 인성이 파괴됨. – 연민을 느끼지 못하는 가해성이 강화됨. – 복수를 당할 위험에 처할 수 있음. 왕따를 지켜보는 방관자 – 자기만 안 당하면 괜찮다는 비겁함을 키움. – 왕따 안 당하려고 다른 사람 눈치를 봄.
원인	지나친 입시 경쟁 교육 학생들 인성 교육이 제대로 안 됨. 친구끼리 제대로 된 우정을 쌓을 줄 모름. 선생님들이 학생들을 제대로 보살피지 못함.
대안 제시	입시경쟁 위주의 교육 정책 바꾸기 (→ 이게 될까?) 학교에서 인성 교육 강화해야 함. 친구끼리 협동하는 프로젝트 교육이 필요함. 선생님들이 학생을 보살피는 정성이 필요함. (일을 줄여야 함.)

나모태가 정리한 표를 본 나는 너무 감탄해서 감탄할 기회조차 놓치고 만다. 이 정도로 정리한 표가 있다면 나도 충분히 좋은 논술을 쓸 자신이 생긴다. 나모태는 정리한 표를 바탕으로 빠르게 논술문 한 편을 완성한다. 이번에도 다 완성한 뒤에 몇 군데 고치고는 원고지에 깔끔하게 옮겨 쓴다.

나는 한 동안 입이 떨어지지 않았다. 나모태가 논술을 쓰기 위해 준비하던 과정이 뇌리에서 떠나지 않았다.

"중학교 수준에서 쓰는 논술은 크게 두 가지 종류가 있어. 하나는 찬반의견이 갈리는 논술, 다른 하나는 어떤 문제의 원인과 대안을 제시하라는 논술! 이걸 벗어나는 논술은 거의 없다고 봐도 돼. 그러니까 이 두 가지 논술을 어떻게 쓰면 되는지만 익히면 중학생 논술은 완성이지."

이제 내가 말할 차례였다.

"찬반 의견이 갈리는 논술을 쓸 때는 찬성 의견과 반대 의견을 나누어서 표로 정리해. 그리고 논술을 쓸 때 〈문제 제기 → 내 의견 → 반대 의견 → 반대 의견 반박 → 핵심 원리 제시〉 형식으로 써. 내가 보기에 여기서 핵심은 '반대 의견을 다루고 반박' 하는 거야. 즉 내 의견만 쭉 쓰고 끝내지 않고 다른 의견도 검토하는 거지."

나는 늘 내 의견만 쓰고 말았다. 원래 생각이 짧은 데다 내 의견만 쓰니 몇 마디 하고 나면 쓸 말이 없었다. 그래서 글자 수 채우기 힘들어서 했던 소리 또 하고, 조금씩 바꿔서 같은 글귀를 반복했다. 그런데 반대 의견을 다루면 굳이 글자 수 채우려고 애쓰지 않아도 된다. 〈문제 제기 – 내 의견 – 반대 의견 – 반박 – 원리 제시〉 순으로 대충만 쓰면 원고지 분량은 충분히 나올 것이다.

"원인과 대책을 제시하는 논술은 어떻게 쓸까?"

똑또기가 또 질문했다.

"찬반 의견이 갈리는 논술처럼 표를 먼저 만들어. 원인과 대책을 제시하는 논술을 쓰기 위한 표는 〈현상 – 문제점 – 원인 – 대책〉으로 표를 정리해. 논술을 쓸 때도 이 순서에 맞춰서 쓰면 돼."

'○○○을 어떻게 해야 좋은지 논술하라' 따위의 글을 만날 때마다 어떻게 써야 할지 몰라 난감했는데 이런 형식에 맞추기만 한다면 그리 어렵지 않을 듯했다.

"가장 중요한 점이 있어. 뭔지 알지?"

나는 바로 대답했다.

"한 번 완성한 뒤에 고치기. 사실 고치기는 정말 힘들어. 귀찮거든. 당연히 고쳐야 더 좋은 글이 되겠지. 고친 뒤에 깔끔하게 원고지에 옮겨 써야 하고. 깔끔하게 옮겨 써야 수행평가 점수가 잘 나오겠지. 에휴, 나는 지금까지 글을 쓰라고 하면 원고지에 한 번에 쭉 쓰고, 쳐다보지도 않고 제출했는데……."

게을렀던 내가 부끄러웠다. 그리고 앞으로는 새로운 방법으로 열심히 해보겠다고 다짐했다. 그러나 한편으로는 걱정이 되었다. 이론을 안다고 내가 가능할까?

"당연히 한 번엔 안 되지. 늘 말하지만 꾸준한 연습 없이 잘하는 사람은 없어. 학생들이 글쓰기를 어려워하고, 못하는 이유는 하나야!"

그 대답은 내가 했다.

"평상시에 글쓰기를 거의 안 하기 때문이지."

"그래, 맞아. 중학생 수준에서 요구하는 글쓰기는 고난도가 아니야. 그냥 적절한 형식에 맞춰, 깔끔한 문장으로, 성의껏 쓰기만 하면 충분해. 그 정도만 해도 A를 맞아. 솔직히 말하면 고등학교 수행평가도 마찬가지야. 서술형 시험 대비법의 핵심을 설명하면서도 말했지만 글쓰기는 많이 해야 늘어. 글쓰기는 고등학교에서도, 대입에서도, 그리고 대학 진학한 뒤에도, 사회에 나가서도 정말 중요하고 꼭 필요해. 그러니까 지금부터 글쓰기를 늘 가까이 하면서 연습을 해야해. 자주 써야 실력이 는다는 점, 명심해!"

토론과 발표는 가장 효과적인 학습법

★ 가족이 함께하는 대화가 바로 토론

나모태가 가족들과 함께 아침을 먹는다. 나모태와 엄마, 아빠, 동생이 함께 밥을 먹는다. 밥을 먹는 동안 나모태와 아빠가 계속 대화를 한다. 정보 홍수, 언론의 사명, 빅데이터, 망각 효과 등 어려운 말들이 오간다. 밥을 먹다 말고 둘이 한 참 토론을 벌이기도 한다. 동생이 가끔 끼어들어서 대화를 이해하려고 애쓴다. 그때마다 아빠는 어려운 얘기를 쉬운 말로 풀어서 설명한다.

저녁 때 나모태는 엄마와 동생과 함께 밥을 먹는다. 그 자리에서는 동생이 엄마와 한참 이야기를 한다. 동생은 토론을 한다기보다 수다를 떤다. 하루 종일 겪은 이야기를 한없이 수다로 푼다. 엄마는 맞장구치며 이야기를 들어준다.

방에서 혼자 책을 읽던 나모태, 갑자기 방을 왔다 갔다 하더니 뭐라고 계속 혼잣말을 한다. 공부하던 것을 혼자 정리하기도 하고, 어떤 주제에 대해서 자기 생각을 이야기하기도 한다.

"와! 정말 말 많네. 나도 말 많지만 작은 엄마 집과는 상대가 안 되네. 그런데 왜 저렇게 어려운 어휘를 써가며 대화를 하는 거야? 나는 잘 알아듣지도 못하겠구만."

"그게 바로 나모태가 지닌 깊은 사고력의 비밀이지."

나는 비밀이란 말에 귀가 솔깃했다.

"나모태는 중학생이지만 늘 아빠와 사회, 경제, 정치, 철학, 역사 등의 문제로 토론을 하기 때문에 웬만한 고등학생보다 세상에 대한 이해가 깊어. 회사 일로 바쁘신 나모태 아빠는 아침 시간만은 늘 함께 식사를 하며 아들과 대화를 나누지. 가끔은 치열한 토론을 하기도 해. 그런 과정을 통해 나모태는 세상을 이해하는 힘을 키우고, 토론 능력도 크게 향상됐지."

우리 아빠를 떠올렸다. 아빠는 평범하다. 집에서 바깥 이야기를 거의 안 하신다. 바깥 일이 힘드니 주말에는 쉬고 싶어하신다. 나와 가끔 대화를 나누기는 하지만 일상적인 대화 수준이지 철학, 역사, 경제, 시사 따위를 주제로 대화를 나누지는 않는다. 엄마와는 조금 깊은 대화를 나누는데 그것도 정말 가끔 그럴 뿐이다.

"나모태는 토론을 즐겨. 혼자 발표 연습도 많이 하지. 일부러 자기 생각을 말로 많이 해서 자기 생각을 깊게 만들고, 토론과 발표력도 키우는 거지."

나모태가 수업시간에 앞에 나와 발표를 하거나, 가끔씩 벌이는 토론에서 논의를 주도하는 광경을 떠올렸다. 잘난 척하지 않으면서, 부드럽게 논리를 전개하고, 청중과 토론 상대자를 압도하던 나모태가 떠올랐다. 나도 말은 꽤나 잘한다고 자부하지만, 내 말은 나모태처럼 논리적이지 못하다. 난 그냥 수다스러울 뿐이다.

"기회가 생길 때마다 토론해. 너는 친구가 많으니까 토론 모임 만들면 괜찮겠다. 그리고 공부를 하다 자신이 익힌 지식을 혼자 이야기해봐. 어떤 주제를 정해놓고 1분 정도 발표하는 연습도 혼자 해보고. 꾸준히 말하고, 발표하는 연습을 하면 논리력도 늘고, 사고력도 깊어져. 그럼 당연히 학교 수행평가도 수월하게 만점을 맞을 수 있지."

＊＊＊

"너 뜬금없이 모래밭에서 왜 넘어진 거야? 어디 아파? 다친 데는 없어?"

다혜가 나를 계속 쫓아오며 질문 공세를 퍼부었지만 나는 웃음으로 대답을 대신했다.

점심시간에 국어 선생님이 반장을 통해 권팔이를 불렀다.

"야, 하권팔! 국어 선생님이 너 교무실로 오래."

국어 선생님이 권팔이를 왜 부를까? 혹시 숙제를 베껴 쓴 게 들통이 났나?

"너만 독후감 숙제 안 냈다며? 살짝 화가 나신 것 같더라."

권팔이는 별다른 표정 변화 없이 교실 문을 열고 나갔다.

'아니! 저 자식, 혹시 내 이름까지 베껴서 낸 거야? 그래서 선생님이 나는 내고, 권팔이는 안 냈다고……. 저 자식 바보 아냐?'

나는 이런 생각을 하며 권팔이가 교무실에서 오기를 초초하게 기다렸다.

"야, 어떻게 된 거냐?"

권팔이가 교무실에 다녀오자마자 나는 쏜살같이 달려가 물었다.

"내가 안 냈으니까 날 불렀지."

"도대체 어떻게 된 건데? 내꺼 줬잖아. 베껴서 내기만 하면 되는데, 너 혹시……."

이름까지 베끼지 않았냐고 말하려다 겨우 집어삼켰다. 권팔이는 내가 묻지도 않았는데 내 질문에 대한 답을 해주었다.

"네 독후감 그냥 냈어."

"왜?"

살짝 화가 났다. 친구의 도움을 저버리다니!

"처음에는 나도 급한 마음에 네 독후감을 베꼈어. 다 베끼고 제출하려고 하는데 도저히 못하겠더라."

권팔이가 빙긋이 웃었다. 심각한 상황과는 어울리지 않는 환한 웃음이었다.

"내가 너에게 삭막하게 굴었는데도, 넌 친구라면서 큰 손해를 감수하고 나를 도와줬잖아. 내 이름으로 쓴 독후감, 너의 이름이 담긴 독후감, 이 두 독후감을 같은 곳에 놓고 보는데 진짜 쪽팔리더라. 학원 숙제 신경 쓰느라 정작 학교 숙제를 못해온 나도 한심하고, 친구 희생시켜서 덕 보려는 내가 염치없더라고. 그래서 네 걸 그냥 냈어. 난 안 해왔으니 손해를 보는 게 당연하지."

권팔이의 입은 웃고 있지만 눈에는 눈물이 살짝 맺혔다.

"고맙다. 보통아!"

그 순간 나도 눈물을 왈칵 쏟을 뻔했다. 주위 친구들의 시선이 없었다면 눈물을 뿌리며 권팔이를 껴안았을지도 모른다.

"우리, 아직… 친구… 맞지?"

권팔이의 목소리가 살짝 떨렸다.

"그럼! 당연히 친구지."

국어만점비법 12

핵심비법을 정확히 이해하고 꾸준히 연습하라

• • •

국어 수행평가는 대부분 독후감, 논술, 발표와 토론이다. 독후감과 논술은 핵심비법만 정확히 알고 그대로 쓰기만 하면 수행평가에서 좋은 점수를 맞는다. 발표와 토론을 잘하려면 평상시 꾸준한 연습이 필요하다.

첫째, 독후감을 잘 쓰려면 먼저 책을 잘 읽어야 한다.

책에 밑줄을 긋고, 메모를 하면서 깊이 있게 읽는다. 책을 다 읽은 뒤에는 밑줄 긋고, 메모한 부분만 따로 읽고, 그 중에서 중요한 부분을 고른다. 중요한 부분을 쓰고, 그에 따른 내 생각이나 내 느낌을 덧붙인다. 독후감을 쓰는 형식에는 편지쓰기, 인터뷰하기, 경험을 연결하기, 인물 분석하기, 논술문처럼 쓰기, 철학적으로 쓰기 등이 있다. 쓰려는 내용에 어울리는 적절한 형식을 택하되, 가장 중요한 것은 책에서 받은 깊은 인상과 나의 생각이나 경험을 연결하며 쓰는 것이다. 독후감은 책과 내가 나누는 대화이며, 독후감에는 그 대화를 담기만 하면 된다.

둘째, 논술을 쓸 때는 두 가지 형식에 맞춘다.

논술에는 크게 두 가지 종류가 있는데 하나는 찬반 의견 쓰기, 다른 하나는 문제의 원인과 대안 쓰기다. 찬반 의견을 다루는 논술을 쓸 때는 찬성 의견과 반대 의견을 나누어서 표로 정리한 다음, <문제 제기 → 내 의견 → 반대 의견 → 반대 의견 반박 → 핵심 원리 제시> 형식으로 쓴다. 여기서 핵심은 '반대 의견을 다루고 반박' 하는 것이다. 반대 의견이 있을 경우 내 의견만 쭉 쓰고 끝내지 않고 다른 의견도 검토해야 한다. 원인과 대책을 쓰는 논술을 쓸 때도 먼저 표를 만든다. 표를 만들 때 <현상 - 문제점 - 원인 - 대책> 순으로 정리하고, 논술도 이와 같은 형식을 따라서 쓴다.

셋째, 논술이나 독후감을 완성한 뒤에는 다시 읽으면서 고친다.

고치기는 귀찮고 힘들지만 고쳐야 글의 완성도가 올라가고, 글쓰기 힘이 커진다. 글쓰기는 학교 수행평가뿐 아니라 대입, 대학, 사회생활 등에서도 매우 중요하므로 글쓰기를 생활화한다.

넷째, 토론과 발표를 생활화한다.

토론과 발표는 지식을 정리하는 좋은 방법이며, 깊은 사고력을 기르는 가장 뛰어난 비법이다. 특히 일상에서 마주하는 사람과 어떤 주제를 두고 생활 속에서 토론을 벌이는 것이 좋다. 공부를 하다가 정리해야 할 때는 혼자서 말해보기를 자주한다. 토론과 발표를 생활화하면 학교에서 프로젝트 발표를 하거나, 토론을 할 때 뛰어난 실력을 발휘할 수 있다.

국어 공부를 위한 '좋은 습관'

하권팔, 이대로, 진다혜, 조희빈, 그리고 나! 이렇게 다섯이 뭉쳐서 독서토론 동아리를 만들었다. 국어 실력을 기르는 가장 좋은 방법은 독서와 토론이라는 똑또기의 조언을 받아들였다. 마음이 맞는 친구끼리 한 데 어울려 책도 읽고, 토론도 하려고 만든 동아리다. 동아리 지도 선생님으로는 국어 선생님을 모셨다. 내가 여러 번 찾아가서 아부와 부탁을 뒤섞어서 겨우 설득했다. 아마 아부와 부탁을 뒤섞는 말솜씨는 나모태보다 내가 나을 거라 확신한다. 국어 선생님은 너무 바쁘셔서 가끔 지도를 해주시는데, 우리에게는 그 정도만으로도 충분했다.

처음에 토론을 할 때는 토론을 하는지, 말싸움을 하는지 헷갈릴 정도였지만 몇 번 하고 나니 제법 토론의 틀이 잡혔다. 토론이 끝나면 오고 간 의견을 바탕으로 논술문을 썼다. 이렇게 쓴 논술문을 국어 선생님께 보여 드리고 지도를 받기도 했다. 물론 선생님은 무지 귀찮아하시지만 그럴 때마다 나는 웃음과 애교로 선생님이 우리 부탁을 받아들이게 만들었다.

　나 나보통은 처음에 나모태, 하권팔, 진다혜를 이기기 위해 제대로 된 공부를 해보겠다고 결심했다. 지금의 나보통은 국어 공부를 즐기는 중학생이 되었다. 국어 공부를 하면서 삶을 돌아보는 지혜를 배우고, 소설과 시를 감상하는 능력을 기르며, 딱딱한 논리와 설명이 담긴 글도 읽고 이해하는 힘을 키웠으며, 생활글을 통해 공감과 교훈을 얻는다. 다른 과목 공부는 아직 즐길 정도는 아니다. 국어 공부법을 응용해서 적용을 해보는데 무언가 부족하다는 것을 많이 느끼지만 그게 뭔지는 아직 잘 모르겠다.

　다혜랑은 누구보다 친한 사이가 되었다. 친구들은 둘이 사귄다고 떠벌리지만 그건 분명 아니다. 물론 내가 다혜를 좋아하고, 다혜도 나를 좋아하지만 아직 사귀는 건 아니다. 그냥 친구보다 조금 더 친하고, 마음이 잘 통하는 사이일 뿐이다. 물론 주변 친구들은 내 이런 주장에 전혀 동의하지 않는다.

권팔이와 관계는 완전히 회복하였다. 권팔이는 여전히 학원에 얽매여 산다. 그러나 예전처럼 학교에서도 학원 숙제 하느라 정신 못 차릴 정도는 아니다. 나는 내가 배운 국어 만점 비법을 권팔이에게 전해줬다. 스스로 공부하는 능력을 길러야 한다는 점도 누누이 강조했다. 권팔이가 내 말에 완전히 설득당한 건 아니지만 받아들이려고 애쓰고 있다.

어쨌든 내가 중간의 길을 포기하고 열심히 공부하려고 했던 두 가지 이유는 이제 사라졌다. 남은 건 하나다. 바로 내 사촌, 엄친아, 나모태!

나모태가 멋지고, 의리 있는 놈이고, 능력이 뛰어나다는 점은 인정하지만 나는 여전히 나모태가 싫다. 정확히 말하면 질투가 난다. 도대체 사라져 있던 3년 동안 나모태에게 무슨 일이 있었기에 찌질이가 엄친아가 돼서 돌아왔는지 아직도 궁금하다. 산에 들어가서 수련이라도 했을까?

내가 나모태처럼 공부하겠다고 했을 때 엄마는 어떤 방법으로 똑또기를 들고 온 걸까? 엄마에게 물어봐도 대답을 안 해줘서 알 방법이 없다. 진짜 궁금하다. 혹시 나모태와 똑또기가 무슨 관계가 있는 걸까? 엄마는 똑또기의 비밀을 아는 걸까? 나모태 엄마, 그러니까 작은 엄마는 알까? 그리고 내가 넘어질 때마다 나타났던 냥냥이는 정체가 뭘까? 왜 꼭 내가 넘어질 때만 나타난 걸까? 똑또기의 마법과 냥냥이는 무슨 관계가 있는 걸까?

궁금한 건 엄청 많았지만 이 모든 궁금증은 풀기 어렵게 됐다. 이별의 순간이 다가왔기 때문이다. 똑또기가 마지막 넘어지는 거라고 했을 때는 '마지막'이란 단어를 무심히 흘려보냈는데, 그게 이별을 뜻하는 거였을 줄이야!

"그동안 내가 너무 심하게 넘어뜨리고, 부딪치게 하고, 구박했지? 미안해."

"아니야, 다 나를 위해서였는데 뭐가 미안해. 또 보겠지?"

"네가 간절히 원한다면……."

다행이다. 정말 다행이다. 넘어지고 정신 잃는 건 정말 싫지만.

"진짜 물어보고 싶은 게 있는데, 너 어디서 왔어? 냥냥이 정체는 뭐야? 엄마는 어떻게 널 구했대? 나모태랑 넌 무슨 관계야?"

"질문은 좋은 습관이야. 그리고 그 질문에 지금 당장 답해주지 못해."

"왜? 날 못 믿어서?"

"너를 못 믿어서가 아니야. 이건 중요한 비밀이기 때문이지. 그리고 한편으로는 위험한 비밀이기도 해. 그러니까 모르는 게 나아."

똑또기 몸이 하늘로 떠올랐다. 이제 가려나 보다.

"진짜 완전히 가는 거야?"

눈물이 핑 돌았다.

"그동안 진짜진짜 고마웠어."

손을 대지 않았는데도 창문이 혼자 열렸다.

"참, 잔소리 한마디만 하고 갈게."

"기꺼이 들을게."

"잘못된 방법으로는 아무리 노력해도 성과를 거두기 어려워. 또한 아무리 뛰어난 비법이라도 꾸준히 실천하지 않으면 아무짝에도 쓸모가 없어. 무슨 말인지 알지?"

"응. 나모태를 넘어서려면 꾸준하게 실천해야지. 걱정 마! 열심히 노력할 테니까."

창문 밖으로 똑또기 몸이 넘어갔다.

"보고 싶을 거야."

"나도."

냐옹.

어디선가 냥냥이 소리가 들렸고, 똑또기는 연기가 흩어지듯 사라졌다. 똑또기가 사라진 뒤 한 장의 종이가 창문을 통해 지그재그로 날아들었다. 거기에는 이런 글귀가 적혀 있었다.

"꾸준함을 이기는 재주는 없다."